EXAMEN DU PROJET DE LOI

SUR

L'EXTRADITION

VOTÉ PAR LE SÉNAT
ET SOUMIS A LA CHAMBRE DES DÉPUTÉS
SUIVI DU TEXTE DU PROJET,
DU PROJET AMENDÉ ET DE LA LISTE DES TRAITÉS D'EXTRADITION
CONCLUS
PAR LA FRANCE AVEC LES PAYS ÉTRANGERS.

PAR

C. SERUZIER

DOCTEUR EN DROIT,
ANCIEN CHEF DU BUREAU DES AFFAIRES CRIMINELLES AU MINISTÈRE DE LA JUSTICE,
CHEVALIER DE LA LÉGION D'HONNEUR
ET DE L'ORDRE DU MÉRITE DE LA COURONNE DE BAVIÈRE,
AUTEUR DU PRÉCIS HISTORIQUE SUR LES CODES FRANÇAIS.

Extrait de la REVUE CRITIQUE DE LÉGISLATION ET DE JURISPRUDENCE.

PARIS

A. COTILLON ET Cie, IMPRIMEURS-ÉDITEURS,

Libraires du Conseil d'Etat,

24, RUE SOUFFLOT, 24.

1880

EXAMEN DU PROJET DE LOI

SUR

L'EXTRADITION

EXAMEN DU PROJET DE LOI

SUR

L'EXTRADITION

VOTÉ PAR LE SÉNAT
ET SOUMIS A LA CHAMBRE DES DÉPUTÉS
SUIVI DU TEXTE DU PROJET,
DU PROJET AMENDÉ ET DE LA LISTE DES TRAITÉS D'EXTRADITION
CONCLUS
PAR LA FRANCE AVEC LES PAYS ÉTRANGERS.

PAR

C. SERUZIER

DOCTEUR EN DROIT,
ANCIEN CHEF DU BUREAU DES AFFAIRES CRIMINELLES AU MINISTÈRE DE LA JUSTICE,
CHEVALIER DE LA LÉGION D'HONNEUR
ET DE L'ORDRE DU MÉRITE DE LA COURONNE DE BAVIÈRE,
AUTEUR DU PRÉCIS HISTORIQUE SUR LES CODES FRANÇAIS.

Extrait de la REVUE CRITIQUE DE LÉGISLATION ET DE JURISPRUDENCE.

PARIS

A. COTILLON ET Cie, IMPRIMEURS-ÉDITEURS,
Libraires du Conseil d'Etat,
24, RUE SOUFFLOT, 24.

1880

L'EXTRADITION

Un projet de loi sur les extraditions a été soumis au Sénat en mai 1878, adopté par lui, et se trouve aujourd'hui devant la Chambre des députés.

L'origine de ce projet de loi est assez curieuse. M. le Garde des Sceaux Dufaure avait appelé auprès de lui, en 1875, en qualité de directeur des affaires criminelles et des grâces, un jeune magistrat du tribunal de la Seine qui, dans son désir d'innover, lui fit signer une circulaire aux procureurs généraux en date du 12 octobre 1875, qui déclarait que le décret accordant l'extradition d'un étranger, demandée à la France, ne serait plus signé qu'après l'arrestation de cet étranger et son interrogatoire par le procureur de la République du lieu de l'arrestation. Le ministre de l'intérieur à qui la chancellerie devait transmettre le mandat d'arrêt délivré par le magistrat étranger était invité, après l'arrestation opérée, à remettre à la disposition du parquet les pièces ainsi que l'étranger. Le motif de cette circulaire paraissait très libéral et mériter l'approbation de tous les amis de la liberté individuelle. Cependant la pratique suivie jusqu'à ce jour avait sa raison d'être. Les tribunaux français sont incompétents pour juger les délits commis à l'étranger, et le mandat d'arrêt d'un magistrat étranger n'a aucune valeur en France.

Si la présence de l'étranger poursuivi était signalée en France, en vertu de quel article du Code pénal pouvait-il être arrêté ? Les magistrats ne pouvaient viser que les art. 269 et s. sur le vagabondage et les gens sans aveu. Quant à l'administration, elle puise, il est vrai, son droit d'arrestation dans la loi du 3 décembre 1849, sur le séjour des étrangers en France, car avant d'expulser l'étranger, il faut l'arrêter, mais elle ne doit pas prendre l'initiative dans une affaire pénale, dont l'examen est réservé au Garde des Sceaux. Il est de principe, d'ailleurs, que l'étranger qui déclare avoir fui son pays pour se soustraire à des poursuites judiciaires ne doit pas être expulsé par la frontière où il pourrait être arrêté; l'expulsion est le contraire de l'extradition.

Le décret d'extradition, fondé sur un traité diplomatique, approuvé par la loi ou réservé au souverain, ledit décret prescrivant de livrer l'individu, s'il était déjà arrêté ou de le rechercher, dans le cas contraire, levait toutes les difficultés. Un arrêt de la Cour de cassation, en date du 30 juin 1827, a reconnu que l'arrestation d'un étranger sur le territoire français, en vertu d'une ordonnance du roi prescrivant son extradition, constitue une détention légale. Aucun abus n'avait été signalé, et il était sans exemple que l'administration eût livré aux autorités étrangères un individu qui n'était pas celui recherché. Si cet individu eût réclame relativement à son identité, des renseignements eussent été immédiatement demandés par le télégraphe ou autrement. Cette circulaire était donc inutile et elle a eu pour effet d'amener des retards regrettables dans cette matière.

Le procureur de la République, à qui la pièce et l'individu arrêté sont soumis, dresse un procès-verbal de l'interrogatoire, qui est transmis au procureur général et par ce magistrat au Garde des Sceaux. Quand le décret est rendu, ce qui exige huit à dix jours, ampliation est envoyée au ministre de l'intérieur chargé de l'exécution. Le département de l'intérieur invite le préfet à faire conduire l'étranger à la frontière. Le préfet, s'il y a lieu, s'adresse au sous-préfet; des agents sont requis pour accompagner l'étranger. Dans ces circonstances, des oublis sont à craindre et la chancellerie s'étonne souvent qu'après plus d'un mois de la date d'un décret d'extradition, l'étranger n'ait pas été livré.

Un autre magistrat du tribunal de la Seine a succédé à M. Ribot devenu secrétaire général. Il a suivi les mêmes errements que son ami, et, de plus, sous le prétexte que des lois sur l'extradition avaient été adoptées en Belgique, en Hollande et en Angleterre, il a voulu aussi que la France eût la sienne. C'est donc à lui qu'on doit le projet de loi actuel qui complète la circulaire de

1875, en substituant toutefois la Chambre des mises en accusation, pour entendre l'étranger, au procureur de la République. Les pays dont il s'agit n'ont-ils pas eu des raisons particulières pour édicter ces lois ? C'est ce qu'il s'agit de rechercher.

La loi belge du 15 mars 1874 a succédé à une loi du 1er octobre 1833 sur le même sujet. Notre premier traité avec la Belgique est du 22 novembre 1834. Des pourparlers existaient depuis longtemps entre les deux pays, et c'est dans la crainte de trop céder aux exigences de son puissant voisin que la Belgique a voulu s'appuyer sur une loi antérieure ; c'est un *non possumus* à opposer à des demandes dangereuses pour le gouvernement belge dans ses rapports avec les Chambres. C'est ainsi qu'il a fallu une loi spéciale pour autoriser la convention additionnelle de 1856, relative aux attentats à la vie des souverains. La Hollande a suivi l'exemple de la Belgique et a résisté jusqu'en 1860 pour admettre la même clause additionnelle.

La Belgique, dans la crainte de paraître livrer un national, n'admet pas qu'un Belge détenu puisse être amené en France pour être confronté avec un criminel, et la Hollande a fait une réserve expresse à cet égard dans sa loi. C'est donc contre l'influence de la France plutôt que dans l'intérêt de la justice que ces lois ont été faites.

Quant à la loi anglaise du 9 août 1870, on sait que la France avait dénoncé en 1865, le traité d'extradition du 13 février 1843, qui dans l'espace de 22 ans n'avait produit qu'*une seule* extradition sur les 60 environ qui avaient été demandées. (Cette seule extradition, accordée fin de l'année 1852, concernait un nommé de Gaëtan, condamné par contumace à 10 ans de travaux forcés pour faux. La procédure dura plus d'un mois et il fallut payer des créanciers qui prétendaient exercer la contrainte par corps pour des sommes considérables. Au moment du départ de Gaëtan de Bou-street, une autre prise de corps fut présentée pour une dette de 300 livres et il fallut faire partir précipitamment le prisonnier pour l'éviter). Or, la cause de cet insuccès se trouvait dans la procédure anglaise qui remettait aux magistrats de police de la ville de Londres la décision sur la demande d'extradition, en leur donnant le droit de vérifier la culpabilité ou l'innocence des inculpés. La France s'était souvent élevée contre cet excès de pouvoir qui avait pour effet d'entraîner un préjugé contre le défendeur. Or, l'acte de 1870 n'a pas d'autre objet que de consacrer cette procédure qui empêchera toujours toute réciprocité entre la France et l'Angleterre, puisque nos magistrats n'auront jamais à vérifier que la régularité des actes produits par le gouvernement anglais à l'appui de la demande et le caractère des délits reprochés dans leurs rapports avec notre droit pénal. Ce qui n'a pas empêché une nouvelle convention entre la France et l'Angleterre, en date du 14 août 1876.

Quelques extraditions ont déjà été accordées à la France sous l'empire de cette dernière convention, mais le caractère britannique, contraire aux extraditions, prendra bientôt le dessus et nous ne serons pas plus avancés qu'avant. La réciprocité qui est la base des conventions d'extradition, doit exister d'ailleurs non seulement dans les textes, mais encore dans les institutions. Or, la liberté individuelle ; quoi qu'en disent les publicistes, paraît encore moins assurée en Angleterre et en Amérique qu'en France. Il suffit que deux témoins viennent déclarer sous serment devant le magistrat de police qu'un individu a commis le crime et est en fuite pour obtenir un mandat d'arrestation. Le crime peut être imaginaire et arrangé en vue d'une demande d'extradition qui ne sera pas refusée par la France, mais la supercherie ne sera connue qu'après le retour du fugitif en Angleterre ou en Amérique.

Nos magistrats ne devraient pas être exposés à prêter les mains à de tels calculs. Le défaut d'harmonie dans les institutions nous a aussi empêchés jusqu'ici de conclure un traité d'extradition avec la Russie. Chaque demande est l'objet d'une négociation spéciale, car il n'est pas besoin d'un traité général pour accorder une extradition. (On peut affirmer que depuis 1844, on négocie avec la Russie sans avoir jamais pu s'entendre ; bien peu de Français se réfugient d'ailleurs en Russie et en fait il serait difficile de trouver des exemples d'extradition demandées par la France à la Russie, tandis que la Russie en a fréquemment demandé à la France. L'absence de traité n'était donc pas un obstacle dans l'affaire Hartmann, mais le caractère du crime était tellement politique que l'extradition n'était pas possible. Certains journaux ont relevé avec un air de triomphe les révélations prétendues d'Hartmann, confessant sa participation à l'attentat du chemin de fer de Moscou, mais c'était la justification du refus d'extradition et non sa condamnation).

Ce qui sera encore un obstacle à la réciprocité, c'est qu'en Angleterre et surtout en Amérique, les extraditions coûtent des sommes considérables, par suite principalement de l'intervention des hommes de loi, (2,000 francs en moyenne en Angleterre, 12,000 francs en Amérique). L'extradition en 1866 de Lamirande, caissier de la succursale de Poitiers qui s'était refugié au Canada, a coûté à la Banque de France plus de 60,000 francs ; en France, les extraditions ne coûtent rien, mais le projet de loi, par l'intervention des magistrats et des défenseurs, pourra peut-être rétablir l'équilibre.

Malgré nos 40 traités d'extradition, le principe de la remise des fugitifs, cherchant à se soustraire à des poursuites judiciaires dans leur pays, n'est pas aussi hors de conteste qu'on le suppose.

Dans une lettre du 8 avril 1831 signée Horace Sebastiani, ministre des affaires étrangères, on fait connaître qu'au mois de février 1831, le conseil des ministres prit la résolution de ne plus accorder d'extradition d'aucune espèce et de n'en réclamer aucune des puissances étrangères. Le ministre fut spécialement chargé de notifier la dénonciation des conventions qui avaient été conclues antérieurement avec la Prusse, la Bavière et la Sardaigne, pour l'extradition réciproque des déserteurs. (M. Billot, chef du contentieux au ministère des affaires étrangères nie cette lettre, dans son traité d'extradition, p. 25 ; elle se trouve au dossier de l'extradition avec la Belgique du ministère de la justice. La précision de la date, 8 avril 1831, doit en faire retrouver la minute).

M. Sapey, mort avocat général à la Cour de Paris, qualifiait dans un mémoire couronné par la Faculté de droit de Paris, le droit de demander et l'usage d'accorder, dans certains cas, l'extradition des accusés, de droit cruel et d'usage barbare. Serait-il si regrettable que le territoire de chaque nation, devenu sacré, fût un asile dans l'antique et religieuse acception du mot. S'il faut un châtiment, n'est-ce rien que l'exil, disait-il ? Les anciens le permettaient à l'accusé qui désespérait de sa cause, et la patrie croyait avoir assez puni le coupable qui ne devait plus la revoir. (*Les étrangers en France*, 3e partie, p. 206).

Pour faire de l'érudition, on pourrait citer de nombreux auteurs contraires à l'extradition. (Voët, *De statu*, sect., II, ch. 1. n°, 6 ; Puffendorff, *Elementor*, liv. 8, ch. 9 ; Leyser, *meditationes* 627 et *meditationes* 104 *medio*; Martens, *Droit des gens* § 101 ; Kluber, § 66 ; Kluit, *De deditione profug.*, § 1, p. 7; Saalfeld, § 40 ; Schmalz, p. 160; Mittermaier, *Procéd. crim. allem.*, § 19; Mangin, *act.* p. 21 et 79; Stordy, §§ 626 et 627 ; Wheaton. t. 1, p. 2, ch. 2, §§ 14 et 158, etc.). Dans la première délibération du projet de loi au Sénat, un sénateur M. Demole constate qu'il y a en France une vieille théorie sur le droit d'asile, qu'on ne dépouillera pas facilement. — « Venir établir une solidarité absolue, au point de vue de l'extradition, entre les différentes nations de l'Europe, dire qu'il n'y a pas de frontières au point de vue de la main-mise de la justice sur les individus réputés coupables, je crois que c'est excessif et que vous déracinerez difficilement de notre tempérament, cette vieille idée que nos ancêtres, nos pères de tous les régimes nous ont transmise, à savoir, que celui qui touche le sol français a droit à notre hospitalité et qu'on ne doit pas le livrer trop facilement à ceux qui le réclament. »

Mais puisque la question d'extradition est soumise au Parlement français, ne faut-il pas considérer la pratique ? Pendant qu'on écrit solennellement dans des traités que l'extradition ne peut être obtenue que par la voie diplomatique, que la loi nouvelle va répéter cette prescription, que se passe-t-il ?

Dans la pratique, dit un magistrat de la Cour de Lyon, M. Bonafos, grâce aux relations de bon voisinage qui existent le plus souvent entre les autorités judiciaires des arrondissements frontières et celles des Etats limitrophes, beaucoup d'affaires d'extradition sont traitées et résolues sans recourir aux formalités diplomatiques. Ici comme partout la nécessité a imposé ses lois ; le fond a emporté la forme. On ne saurait méconnaître les immenses services que cette coutume, tolérée par les gouvernements respectifs, a rendus et rend chaque jour (*De l'Extradition*, p. 5). Souvent, ajoute ce magistrat, les autorités étrangères prévenues directement par un parquet français, ordonnent l'arrestation et font conduire le fugitif à la frontière où il est remis aux agents français. Ce mode expéditif est fréquemment employé par quelques Etats voisins de la France, notamment la Belgique et la Suisse (*ibid.* p. 53), ce sont les pays qui fournissent les cas les plus nombreux d'extradition. Mais il est faux que les gouvernements tolèrent ce système d'extraditions déguisées. — Quand ils sont informés, ils font relâcher ou grâcier les individus ainsi livrés irrégulièrement; ce sont les parquets des arrondissements frontières, soutenus par les procureurs généraux, qui le pratiquent, et l'on a soin de ne pas avertir le ministère de la justice. Dans cette situation, les circulaires sur la matière sont facilement oubliées et les magistrats n'accueillent les nouvelles qu'avec une certaine malice, comme leur étant indifférentes.

Mais alors pourquoi occuper les pouvoirs publics d'une loi destinée à être violée ? Ne serait-il pas plus sage de légitimer cette pratique qui rend des services réels à l'administration de la justice et dont le fugitif se plaint bien rarement ? On réserverait la voie diplomatique pour les pays éloignés ou lorsque des difficultés se présenteraient. On renonce déjà dans le projet à saisir la Chambre d'accusation quand le fugitif arrêté consent à être livré immédiatement, mais pourquoi lui faire encore attendre dans la prison de notre pays que le décret d'extradition soit rendu? Serait-ce pour que le nombre exact des étrangers livrés figure dans un tableau de la statistique criminelle ? Ce n'est pas sérieux.

Le gouvernement eût été mieux inspiré en se proclamant l'exécuteur testamentaire de l'Assemblée nationale qui, par son décret du 19 février 1791, ordonnait qu'une loi serait présentée pour l'extradition réciproque des prévenus de certains crimes entre la France et les autres nations de l'Europe, loi qui n'a jamais été présentée. L'Assemblée législative a statué sur des demandes d'extradition, ainsi qu'il résulte des deux décrets du 23 mai 1792. Elle usurpait sur le pouvoir exécutif. Mais on s'est bien passé de la loi pendant plus de 80 ans; il n'y avait aucune nécessité à s'en préoccuper aujourd'hui.

Nous devons d'ailleurs examiner plus spécialement les 23 articles du projet de loi.

Nous avons dit précédemment que la loi était inutile parce qu'elle ne serait pas exécutée. Il paraît que c'est une tradition bien invétérée dans les parquets frontières et même dans ceux de l'intérieur de la France que de ne pas recourir à la voie diplomatique pour réclamer des extraditions. — Ainsi le parquet de Paris n'a pour arriver à ses fins qu'à s'adresser au parquet de Valenciennes, pour les individus réfugiés en Belgique, à celui de Gex pour les individus réfugiés en Suisse, à celui de Nice pour les individus réfugiés en Italie, au parquet de Bayonne, pour les individus réfugiés en Espagne. — La chancellerie n'est pas informée et ne l'apprend que par hasard quand les condamnations sont intervenues. La preuve de cette pratique irrégulière résulte de diverses circulaires de la chancellerie. — Ainsi le grand juge, duc de Massa, écrit aux procureurs généraux le 6 octobre 1810 : « J'ai remarqué que dans les départements frontières particulièrement on s'est permis quelquefois, à la réquisition des gouvernements étrangers, de livrer sans autorisation de Sa Majesté, des individus arrêtés sur le territoire de l'Empire ; c'est un excès de pouvoir extrêmement répréhensible ; aucune extradition du territoire de l'Empire, soit qu'elle concerne un sujet français ou un individu étranger, ne peut avoir lieu qu'en vertu d'une décision de l'Empereur et Roi. — Je vous recommande expressément d'observer avec la plus scrupuleuse attention cette règle de droit public et de veiller à ce qu'elle ne soit enfreinte par aucun des magistrats qui exercent les fonctions du ministère public dans l'étendue de votre ressort. »

Le chancelier de France Dambray écrit de son côté le 12 juin 1816 : « Il arrive souvent que des individus prévenus de crimes commis en France se réfugient sur un territoire étranger, afin d'échapper aux poursuites exercées contre eux :

« La conduite que les magistrats doivent tenir en pareil cas a été tracée par des instructions plusieurs fois renouvelées. Cependant, je viens encore d'acquérir la preuve que ces instructions ne sont pas exactement observées et il m'a paru en conséquence nécessaire de vous les rappeler :

« Lorsque des individus sont parvenus à sortir du royaume après avoir commis un crime en France, les magistrats ne doivent pas réclamer directement auprès des autorités étrangères ou des envoyés de France en pays étrangers, l'arrestation des prévenus ; c'est à moi seul qu'ils doivent s'adresser et sur leur demande j'invite le ministre des affaires étrangères à prendre des mesures pour obtenir par la voie des agents politiques l'arrestation ou l'extradition des individus qui me sont signalés comme auteurs ou complices de crimes commis en France. »

Dans la circulaire principe sur les extraditions du 5 octobre 1841, M. le Garde des Sceaux, Martin (du Nord), dit encore : « C'est au Gouvernement seul à agir ; il ne vous est pas permis en cette matière de vous entendre, *sous aucun prétexte*, avec les agents des puissances étrangères, vous ne pouvez pas non plus vous adresser directement aux autorités judiciaires des pays voisins pour obtenir l'extradition ; vous pourrez correspondre seulement avec les magistrats étrangers pour avoir des renseignements. »

Dans une longue pratique des extraditions au ministère de la Justice, comme chef du bureau des affaires criminelles, de 1864 à 1879, nous pouvons affirmer que les mêmes observations ont été fréquemment reproduites.

Espère-t-on qu'une loi aura plus d'efficacité que les instructions ministérielles ? — Une loi qui aura pour effet de ralentir le zèle des membres du parquet ne sera-t-elle pas au contraire toujours mal observée ?

L'extradition n'est-elle pas en définitive une mesure de haute police plutôt qu'un acte judiciaire, et si l'on voulait sérieusement garantir la liberté individuelle des étrangers, ne devrait-on pas soumettre à la justice toutes les expulsions que pratique journellement l'autorité administrative sous sa responsabilité et sans avoir de compte à rendre à personne ?

Une affaire récente, l'expulsion du directeur du journal *le Triboulet,* prouve que la garantie ne serait pas inutile. C'est un singulier progrès que cette loi sur l'extradition. — Que de fois au ministère de la Justice n'avons-nous pas eu à nous plaindre des entraves qu'une semblable loi apportait en Angleterre, en Belgique et en Hollande, à nos demandes les plus légitimes ? C'est seulement à titre de représailles et pour restreindre les extraditions qu'elle peut s'expliquer. Ce sont de véritables armes de guerre dans le pays où existe une loi semblable, et le comble c'est de vouloir, comme le fait l'exposé des motifs, la faire considérer comme un modèle à suivre et comme le développement du droit des gens.

Quoi qu'il en soit, nous avons promis d'examiner les dispositions de chacun des articles du projet du Gouvernement et nous devons remplir cette promesse.

Le projet est rédigé en deux titres.

Le premier comprend les six premiers articles, et le deuxième les 17 autres. Les articles 1 à 6 posent les principes généraux de la matière, les articles 7 à 15 organisent la nouvelle procédure d'extradition, les articles 16 et 17 l'arrestation provisoire, l'article 18 le transit, l'article 19 les restitutions, les articles 20 et 21 les commissions rogatoires et les citations de témoins d'un pays dans l'autre, l'article 22 les confrontations des criminels, l'article 23 et dernier traite de l'extradition aux colonies.

Suivant l'article 1er du titre premier, le Gouvernement pourra, qu'il y ait ou non un traité, mais sous condition de réciprocité, livrer aux gouvernements étrangers sur leur demande, tout individu *non français* poursuivi, mis en prévention ou accusation, ou condamné par les tribunaux de la puissance requérante pour avoir commis sur le territoire de cette puissance, les infractions énumérées à l'article 2 et qui serait trouvé sur le territoire de la République. — Si la compétence du tribunal étranger s'était étendue à une infraction commise sur le territoire d'une puissance tierce, l'extradition ne pourrait avoir lieu que dans les mêmes cas où les tribunaux français peuvent condamner des étrangers pour des infractions commises à l'étranger, c'est-à -dire, dans les cas prévus par l'art. 7 du Code d'instr. crim., crime attentatoire à la sûreté de l'État (crime politique exclu par tous les traités d'extradition), contrefaçon du sceau de l'État, de monnaies nationales, de papiers nationaux, de billets de banque.

Observation. — Le Gouvernement se range à l'opinion générale qui domine tous les traités d'extradition et qui consiste dans le principe qu'on ne livre pas ses nationaux. Le décret impérial du 23 octobre 1811, de même que la circulaire précitée du 6 octo-

bre 1810, ne reconnaissaient pas cette violation de la compétence
territoriale en matière criminelle. Tous les jurisconsultes qui ont
écrit sur la matière des extraditions prétendent que le décret de 1811
n'a jamais reçu d'application. C'est une erreur.—Un décret du 20
décembre 1812 porte que le nommé Vauclaire (Pierre-François),
natif de Dolle, (Haut-Rhin), aide-major au 7me régiment de ligne,
prévenu de bigamie, sera mis à la disposition des autorités de Bavière. Un autre décret du 25 février 1813, met à la disposition des
autorités de Nassau, le nommé Flor Gabriel, du département du
Rhin-et-Moselle, prévenu de vol qualifié. Ce sont des exemples pris
au hasard. — On trouvera d'autres cas dans les archives nationales.
La Charte de 1814 qui défendait de distraire un Français de ses juges naturels aurait empêché la continuation de cette pratique sous la
Restauration. — On sait que les Anglais et les Américains qui protègent cependant leurs nationaux d'une manière si efficace, n'hésite-
raient pas à les livrer si, ayant commis des crimes à l'étranger,
ils se réfugiaient sur leur territoire d'origine. — Où est le progrès? Cette réserve est évidemment injurieuse pour la puissance
avec qui l'on traite et à laquelle on dit : « Nous n'aurions pas
confiance dans l'impartialité de vos tribunaux pour juger un
Français. » Il est vrai que la défiance est réciproque, mais c'est une
singulière entrée en matière, puisque c'est la première disposition de tout traité. Étant donné que la justice criminelle n'est
bien rendue que dans le lieu où le crime a été commis, où les
témoins se trouvent facilement et où la nécessité d'une punition
exemplaire se fait mieux sentir, pourquoi ne pas organiser des
tribunaux ou des jurys mixtes, comme il en existe d'ailleurs en
Angleterre pour juger les étrangers? Cette réserve des nationaux
deviendrait alors inutile. Elle devient même, peu à peu, destruc-
tive du principe d'extradition. Ainsi dans l'ancien droit on considérait comme national au point de vue de l'extradition, l'étranger
établi depuis de longues années en France, et dans le nouveau
traité avec le Danemark du 28 mars 1877, on a admis, ce qui
avait été refusé à la Suède en 1869, que l'étranger domicilié et
fixé dans l'un ou l'autre pays depuis deux ans, pourrait ne pas
être soumis à l'extradition. C'est évidemment le droit d'asile qui
reparaît.

Les faits pouvant donner lieu à l'extradition sont indiqués par l'article 2, ce sont :

1º Tous les faits punis de peines criminelles par les lois françaises ;

2º Les faits punis de peines correctionnelles de deux ans et au-dessus. La complicité et la tentative des mêmes faits quand elles sont admises par la loi française ;

3º Les faits de droit commun, imputables aux militaires, marins ou assimilés.

Observation. — L'énumération des infractions qui comportent l'extradition est renvoyée aux traités spéciaux. Cependant, on lit dans l'exposé des motifs : « Le pays de refuge n'a pas contracté d'obligation spéciale envers celui que la crainte de la répression a conduit loin du sol natal. Il lui doit de ne pas changer tout d'un coup et comme par une sorte de piège, la législation à laquelle le fugitif a demandé protection. Ce sera l'effet de la loi que nous présentons d'assurer la fixité de ses droits. L'énumération qui est contenue dans le projet renferme toutes les infractions que l'extradition pourra atteindre. — Le gouvernement français ne pourra conclure de convention d'extradition permanente ou spéciale, générale ou individuelle, que dans la limite des catégories édictées. »

En somme, il n'y a pas d'énumération. Si le fugitif veut savoir s'il est en sûreté dans notre pays, il devra consulter non-seulement le traité, mais toutes les lois pénales françaises. Le correctif existera seulement dans les règles de la réciprocité. Ainsi la tentative d'escroquerie prévue par notre article 405 du Code pénal pourra donner lieu à extradition, mais pas avec certains pays comme la Belgique qui n'admet pas la tentative du même délit.

On semble renoncer au principe admis même dans le traité avec l'Angleterre du 14 août 1876 (art. 4) que l'extradition s'appliquera aux crimes et délits antérieurs à la signature du traité, mais la matière à extradition est tellement large que le crime ou délit poursuivi s'y trouvera toujours en germe.

Il est certain que le résultat ne répond pas aux prémisses.

On veut aussi, d'après l'exposé des motifs, s'épargner les frais d'extradition, quand la peine est minime, soit moindre de deux ans d'emprisonnement. Mais parcourons le Code pénal. Nous y verrons que les infractions punies de peines au-dessous de deux ans d'emprisonnement au minimum sont tout à fait spéciales et très rares, on peut dire que les délits proprement dits sont comme les crimes susceptibles d'extradition. Il est encore à remarquer qu'on n'a égard à la peine applicable que pour la poursuite, mais que s'il y a condamnation, fût-elle d'un mois seulement, l'extradition est possible. Pourquoi n'avoir pas appelé l'attention du législateur sur cette distinction? Le délinquant qui s'expose à un exil de cinq ans, pour éviter un mois de prison, n'est-il pas assez puni? Le traité avec la Belgique de 1874 a fixé cette limite d'un mois, mais rien n'empêcherait d'en fixer une autre, comme six jours d'emprisonnement, minimum des peines correctionnelles. On a vu des individus s'imposer cet exil de cinq ans plûtôt que de subir ces six jours, dans le cas de détournement d'objets saisis par exemple, fait punissable, comme l'abus de confiance, d'un maximum de deux ans d'emprisonnement (art. 400 et 406, C. pén.); n'est-ce pas discréditer l'extradition et en faire un instrument de persécution que de l'appliquer dans des cas semblables?

Des exceptions péremptoires d'extradition sont établies dans les quatre cas suivants, en vertu de l'art. 3.

1º Lorsque les crimes ou délits auront un caractère politique ;

2º Lorsque les crimes et délits auront été commis en France ;

3º Lorsque les crimes ou délits, quoique commis hors de France, y auront été poursuivis et jugés définitivement;

4º Lorsqu'aux termes, soit des lois françaises, soit des lois de la puissance requérante, la prescription de la peine ou de l'action se sera trouvée acquise antérieurement à la demande d'extradition.

Première observation. — Le propre d'une exception péremptoire est de faire écarter la demande *ipso jure.* Le Gouvernement entend-il que dans les quatre cas prévus, la demande ne suivra pas la procédure ordinaire et sera arrêtée par le ministre de la Justice seul et d'après son examen?

Deuxième observation. — L'exposé des motifs fait connaître que l'exception, en matière de crimes et délits politiques, existe dans tous nos traités. Cela est vrai ; mais les crimes et délits poli-

tiques naissant du but et des circonstances ne peuvent être défi-
nis. Comme c'est la puissance requise qui décide, il n'y a pas
d'inconvénient.

Toutefois, si la demande est fondée sur un attentat contre le
chef d'un État étranger, prévu par le traité spécial, comme l'article 3 du traité d'extradition avec la Belgique, du 15 août 1874,
la puissance requise pourra-t-elle néanmoins déclarer qu'il y a
là un crime politique? On sait que cette exception, qui n'aurait
pas été nécessaire si la règle générale n'était pas de considérer
l'attentat à la vie des souverains comme un crime essentiellement politique, n'a été introduite dans la législation belge qu'à la
suite d'une véritable pression de la France sur le gouvernement
belge. Le gouvernement impérial qui l'avait imposée a voulu
qu'elle fît l'objet d'un traité additionnel avec la Belgique en date
du 22 septembre 1856 et a tenu la main à ce qu'elle fût introduite dans les traités avec d'autres États, tels que les Pays-Bas,
la Suède, la Bavière, etc. Elle se trouve encore dans des traités
faits par la République française depuis la chute de l'Empire,
comme dans le nouveau traité précité avec la Belgique (15 août
1874), dans les traités avec le grand-duché de Luxembourg
(12 septembre 1875), avec la principauté de Monaco (8 juillet
1876), avec le Danemark (28 mars 1877); mais cette clause a
été passée sous silence dans les traités avec le Pérou (3 septembre 1875), avec l'Angleterre (14 août 1876), et avec l'Espagne
(14 décembre 1877). Elle serait cependant bien utile pour ce dernier pays, si on la considérait comme obligatoire pour la République, quand le traité la mentionne. Mais cette clause outrage la
vérité et devrait être dénoncée dans tous les traités dont il
s'agit; on appliquerait dans le cas qu'elle prévoit, le droit commun, s'il y a lieu. Le fait à prouver pour justifier la demande
d'extradition serait que l'attentat serait le résultat d'une ven-
geance privée, sans connexité avec la politique, car la présomp-
tion sera toujours que l'attentat à la vie d'un souverain a un motif
politique. La logique exige donc la suppression de cette clause
dans tous les traités où elle existe, pour que notre situation soit
nette vis-à-vis des puissances qui l'ont consentie avec nous. Si à
cause du péril social, on répudie les idées libérales qui font le

fondement de la société moderne, déclarez-le franchement; qu'on sache que les portes de la France sont fermées à tous les réfugiés politiques quels qu'ils soient.

Le projet n'exclut que les crimes et délits politiques, sans parler des faits connexes. L'exposé dit cependant que la France met son honneur à ne réclamer aucune extradition en matière politique et à n'en pas accorder; que le Gouvernement recherche avec soin si sous la couleur de crimes de droit commun l'extradition n'est pas demandée pour crime politique.

Mais c'est rester dans l'équivoque que d'admettre en même temps la disposition de l'art. 3 du traité avec la Belgique de 1874, ainsi conçu : « Il est expressément stipulé que l'étranger dont l'extradition aura été accordée ne pourra, dans aucun cas, être poursuivi ou puni pour aucun délit politique antérieur à l'extradition ni pour aucun fait connexe à un semblable délit. *Ne sera pas réputé délit politique ni fait connexe à un semblable délit, l'attentat contre la personne du chef d'un État étranger ou contre celle des membres de sa famille, lorsque cet attentat constituera le fait, soit de meurtre, soit d'assassinat, soit d'empoisonnement.* »

Pour ne parler que des traités consentis depuis la République, la même disposition se retrouve dans les traités avec le grand-duché du Luxembourg (1875), avec Monaco (1876), avec le Danemark (1877).

Ce sont là de véritables mensonges; il n'est au pouvoir de personne de déclarer qu'un attentat à la vie d'un souverain ne constituera jamais un crime politique, et si le contraire est bien établi, les principes internationaux s'opposent à l'extradition. Nous le répétons, la dénonciation de cette clause du traité est de toute nécessité. Dans quel embarras se serait trouvé le Gouvernement, si la Russie avait pu invoquer une pareille disposition dans la demande d'extradition du sieur Hartmann! (Voir notre article du 1er mars, dans le *Grand-Journal*, tendant au rejet de cette demande). Il est remarquable que le premier traité avec l'Angleterre (1843) ne contient pas l'exception en matière politique, que celui avec les États-Unis (même année), n'exclut que les crimes *purement* politiques, et que les traités avec la Prusse (1845) et avec le Wurtemberg (1873) excluent les crimes politiques *quel-conques*. Ces deux derniers traités n'admettront donc aucune équivoque.

Troisième observation. — La seconde fin de non-recevoir de la demande d'extradition suppose que cette demande n'a pour objet qu'un crime commis en France et que nous avons pour devoir de poursuivre. C'est le principe de la compétence territoriale ; cette demande sera rarement isolée, car il arrivera souvent que l'étranger aura commis un crime dans son pays, et l'exception ne sera plus que dilatoire, jusqu'à ce que l'étranger ait satisfait la justice française. Il sera question plus tard de ce cas qui est prévu par l'art. 5.

Quatrième observation. — Une troisième fin de non-recevoir résulte de la condamnation déjà prononcée en France pour le crime commis à l'étranger, ce qui est possible seulement dans les cas prévus par l'art. 7 de notre Code d'instruction criminelle, contrefaçon du sceau de l'État, de monnaies, de papiers nationaux et de billets de banque. C'est l'application de la maxime, *non bis in idem* qui n'existe pas entre jugements de souverainetés étrangères indépendantes, mais qui s'impose lorsque l'initiative du procès a été prise par nous.

Cinquième observation. — La quatrième fin de non-recevoir résultera de la prescription, soit de l'action, soit de la peine, d'après la législation du pays requis ou du pays requérant, si le délai de la prescription y est plus court. Il faut qu'elle soit acquise, antérieurement à la demande d'extradition ; on considère donc cette demande comme interruptive.

Dans une matière où le doute doit s'interpréter en faveur des fugitifs, il serait plus juridique de décider que l'effet de la poursuite doit exister encore au jour de la décision du gouvernement requis, ou au moins au jour de l'arrestation à l'étranger, comme l'admet la loi néerlandaise du 15 avril 1875.

On doit examiner la prescription au point de vue de l'action publique et au point de vue de la peine. Tant qu'une condamnation n'est pas intervenue, c'est la prescription de l'action qu'il faut envisager ; après la condamnation, c'est celle de la peine. Il en résulte, en se réglant d'après la législation criminelle

française, que si la condamnation par contumace n'est intervenue
que vers la 10e année et avant son accomplissement, ce sera encore pendant 20 ans qu'on pourra réclamer les effets de la condamnation par contumace. On pourra donc saisir le gouvernement français d'une demande d'extradition pour un crime remon-
tant à près de 30 ans et alors même que l'étranger serait établi
depuis 25 ans en France, s'y serait marié et y aurait formé un
établissement. Ce cas se présentera plus fréquemment qu'on ne
pense, car dans beaucoup de législations étrangères, les crimes
sont imprescriptibles (voir notamment en Italie, en Allemagne,
en Autriche). Dans ces pays on ne se hâte pas de rendre les jugements, mais si le jugement n'avait été rendu qu'après dix ans
de la date d'un crime, on pense qu'il n'y aurait pas lieu de se
décider d'après la prescription de la peine, mais d'après celle de
l'action. La prescription est établie non seulement en faveur de
l'inculpé, mais aussi dans l'intérêt de la bonne administration de
la justice qui ne peut s'appuyer avec confiance sur des témoigna-
ges rapportant des faits éloignés de 10 à 20 ans. La représenta-
tion du contumax remet tout en question et il y a peu de profit
à tirer d'une procédure faite sans contradiction, alors que la plu-
part des témoins sont ou morts ou disparus. Les condamnations
définitives remplaçant des condamnations par contumace sont donc
assez rares. Les qualifications de la procédure sont presque toujours modifiées par l'examen contradictoire. Si l'on remarque
d'autre part qu'il est de principe que les actes judiciaires passés
à l'étranger n'ont pas de valeur en France, pourquoi ne s'en
tiendrait-on pas à la prescription de l'action seule ? Il faut protéger les actes d'une justice prompte et éclairée, et non ceux
d'une justice incertaine, alors qu'il s'agit le plus souvent d'arra-
cher à leurs foyers des individus qui dans le pays de refuge ont
fait preuve de bonne conduite et d'habitude du travail. Il semble
donc exorbitant de tenir compte d'une demande d'extradition fondée sur une condamnation par contumace et pour un crime éloigné
de 15 à 20 ans. Le gouvernement italien a formulé souvent des
demandes de ce genre et ce n'est pas sans une hésitation pénible
qu'il y a été fait droit. Y aurait-il des raisons d'agir autrement s'il
s'agissait de condamnés définitivement, échappés du bagne ou de

la maison centrale ? On ne le pense pas. S'il s'était écoulé 10 ans depuis le crime, l'expiation serait jugée suffisante. Un auteur a examiné les principes de la prescription au point de vue de l'extradition et déclare que la loi violée étant celle du pays requérant, c'est d'après cette loi que la prescription devait être appréciée. Mais, si d'après cette loi, l'infraction est imprescriptible, la demande d'extradition pourrait donc intervenir alors que l'agent du crime est en France depuis 50 ou 60 ans, où il n'a donné aucun sujet de plainte. Personne n'oserait le soutenir, ce qui prouve que l'extradition est une exception à un principe supérieur, le droit d'asile qui protège tous les réfugiés d'un pays voisin, jusqu'à ce qu'il soit reconnu dangereux par le pays dont ils réclament l'hospitalité. C'est le droit des gens qui domine en cette matière, et non un droit rigoureux. Ainsi, malgré les principes invoqués par l'auteur dont il s'agit, aucun traité d'extradition n'a admis la prescription du pays requérant. (V. M. Billot, *Traité de l'Extradition*, p. 216 et suiv.).

L'art. 4 du projet contient une réserve qui impose au gouvernement qui a obtenu une extradition pour une infraction déterminée, de ne pas laisser juger le délinquant pour une autre infraction, commise avant l'extradition, mais découverte depuis. Ce gouvernement devra en référer à celui qui a accordé l'extradition, pour obtenir un supplément à la première et il ne serait pas dispensé de cette obligation, alors même que le délinquant y consentirait. Mais après un mois d'un séjour libre dans son pays, le délinquant ne jouirait plus d'aucune immunité pour les poursuites ultérieures dont il pourrait être l'objet.

On verra plus tard et d'après l'art. 15 que la Chambre d'accusation qui a statué sur la première demande devra aussi statuer sur la deuxième, mais sur les pièces seulement et sur un mémoire de l'extradé et qu'un décret sera nécessaire pour légitimer cette extension.

La réserve dont il s'agit se trouve dans tous les traités et c'est le moyen de s'assurer qu'un individu extradé pour un crime de droit commun ne sera pas jugé pour un crime politique. Mais au cas où l'extradé estime de son intérêt de se présenter devant ses juges pour y répondre des diverses accusations portées contre lui, comprend-on que son consentement, communiqué au gouvernement qui a accordé l'extradition, ne soit pas jugé suffisant, qu'il faille scinder l'accusation ou surseoir pour le tout pendant un long temps?

C'est le contraire de la jurisprudence de la Cour de cassation établie notamment par l'arrêt du 4 juillet 1867, et qui avait inspiré la disposition du traité avec la Bavière du 29 novembre 1869, autorisant l'extension de l'extradition dans le cas de consentement. Suivant la même jurisprudence, il n'y avait pas extradition régulière, mais retour volontaire du Français arrêté à l'étranger, qui déclarait ne pas vouloir attendre les délais d'un décret d'extradition dans la prison étrangère et demandait à être ramené immédiatement en France. L'étranger arrêté en France et qui faisait les mêmes déclarations était considéré de même dans son pays, mais il faudra aujourd'hui un décret et l'étranger n'évitera que la comparution devant la Chambre des mises en accusation. (V. art. 14). Toutes ces longueurs sont-elles bien de l'intérêt de l'extradé qui ne peut plus se présenter devant les juges de son pays, en invoquant son respect pour leur autorité? D'un autre côté, que gagne le gouvernement français à imposer à l'étranger une protection qu'il répudie.

Il a été déjà parlé incidemment de l'art. 5, qui autorise à différer la remise de l'étranger, objet d'une demande d'extradition, s'il est poursuivi ou condamné en France pour un crime qu'il y a commis, c'est l'application de l'adage : *in pari causâ, melior est causa possidentis.* Cependant on autorise une remise momentanée du délinquant, si la justice étrangère devait souffrir de ce retard, en présence d'une peine de longue durée. Il est arrivé souvent aussi, qu'une grâce est intervenue pour rapprocher le moment de cette remise. Quant à la restitution du délinquant, devra-t-elle toujours avoir lieu? S'il était condamné dans son pays à une peine perpétuelle, quel intérêt aurions-nous à le réclamer? La France est sans doute assez riche pour garder et nourrir ses prisonniers et même ceux d'autres pays, puisqu'en vertu de traités ou de conventions, elle garde et nourrit les condamnés de la principauté de Monaco ou ceux du Val d'Andorre, mais n'y a-t-il pas à craindre que si la loi ne l'y autorise, l'administration ne se croie pas en droit de se départir de cette règle de restitution?

Suivant le dernier alinéa de l'art. 5, la remise ne sera pas différée en cas de contrainte par corps, à moins qu'il ne s'agisse de frais de justice criminelle dus à l'État français.

Cette disposition est au moins singulière dans une législation où la contrainte par corps est abolie et ne subsiste plus que dans ce cas. La contrainte par corps a pour but de déterminer le condamné à payer par la privation de sa liberté, et comme dans l'espèce le condamné en payant ne sera pas libéré, mais remis aux mains des agents de son pays, on ne voit pas pour quel motif il s'empresserait de payer les frais dont il s'agit. Sous prétexte de sauvegarder les intérêts de l'État, on lui impose réellement l'obligation de garder et nourrir l'étranger jusqu'à l'expiration du temps fixé pour la contrainte par corps. Ne vaudrait-il pas mieux renoncer à une pareille réserve ?

L'art. 6 oblige le gouvernement qui a obtenu l'extradition d'un étranger pour une infraction déterminée, à consulter le gouvernement qui a accordé cette extradition, si cet étranger est l'objet d'une nouvelle demande pour une autre infraction auprès du gouvernement français qui le détient. On explique cette disposition par le motif que le gouvernement français ne pourrait mettre l'étranger en jugement pour une infraction autre que celle portée dans sa propre demande, sans en référer à celui qui a livré cet étranger et qu'il en doit être de même pour le cas dont il s'agit. On ajoute qu'on veut éviter des extraditions indirectes que le dernier demandeur n'aurait pas voulu ou pu solliciter du gouvernement qui a livré cet étranger à la France. Comme le gouvernement français ne peut songer à se dessaisir dudit étranger qu'après que sa propre justice aura été satisfaite et que les principes généraux en matière d'extradition sont partout les mêmes, on ne voit pas trop la nécessité d'une pareille disposition qui est offensante pour les pays avec qui nous avons conclu des traités.

On ne sauvegardera que quelques cas exceptionnels, tenant à la législation du pays qui a livré ; ainsi le Code pénal belge ne prévoit pas la tentative d'escroquerie qui est au contraire comprise dans notre art. 405. On ne pourrait demander à la Belgique une extradition fondée sur cette infraction, mais elle pourrait être demandée à la France. Nous serons dégagés de notre obligation parce que l'étranger nous aurait été livré originairement par la Belgique. N'est-ce pas pousser la prévoyance un peu loin, alors que peut-être il faudra prolonger le séjour de l'étranger dans nos prisons pour exposer le cas au gouvernement belge dont la réponse négative est d'ailleurs assurée.

Nous abordons maintenant les 17 articles du 2me titre de la loi projetée (art. 7 à 23).

L'article 7 règle la forme à suivre pour les demandes d'extradition, qui est la voie diplomatique, quand les parquets ne s'en passent pas, et indique les pièces à fournir à l'appui de la demande, savoir : jugement ou arrêt définitif, par défaut ou par contumace, ou un mandat d'arrêt, lequel doit contenir l'indication précise du crime ou délit et sa date. Le gouvernement requérant doit en même temps fournir la copie des textes de loi applicables au fait incriminé.

Première observation. — Une demande d'extradition est fondée ou sur un traité ou sur l'offre de réciprocité, à défaut de traité. Elle établit des engagements entre deux pays étrangers, engagements qui ne peuvent être pris que par des intermédiaires autorisés. Les envoyés respectifs s'adressent au ministre des affaires étrangères des pays où ils sont accrédités et qu'ils saisissent officiellement de la demande. Les pratiques irrégulières existant entre les autorités judiciaires des pays limitrophes n'offrent donc aucune garantie.

Deuxième observation. — Pour les pièces à produire, il suffirait de réclamer celles qui existent suivant l'état de la procédure au moment de la demande. Si l'affaire est terminée par un jugement ou définitif ou par défaut, ce serait ce jugement; si l'affaire est en état de poursuites, ce serait le mandat d'arrêt. On peut rendre les demandes d'extradition plus faciles et plus rapides en se contentant même du mandat d'arrêt, mais il ne faudrait pas se borner à cette pièce s'il y a jugement. Si cela n'est pas dit, le gouvernement requérant croira avoir rempli ses obligations par la production du mandat d'arrêt, quel que soit l'état de la procédure. C'est donc une distinction importante à faire, et d'autant plus indispensable que, s'il y a jugement par défaut, on veut qu'il ait été notifié.

Troisième observation. — Divers traités exigent la production d'une ordonnance de renvoi devant une juridiction et considèrent le mandat d'arrêt comme insuffisant, comme les traités avec les Pays-Bas du 7 novembre 1844 et le grand-duché de Luxembourg du 12 septembre 1875. C'est une entrave apportée à la demande ; mais les règles de la réciprocité veulent que la France ne se montre pas plus facile que les pays dont il s'agit. Ne devrait-on pas s'en expliquer ?

Quatrième observation. — Des pièces régulières étant produites et l'arrestation du fugitif ordonnée, il importe que l'arrestation ne porte pas sur une personne autre que celle recherchée. Pourquoi ne pas exiger le signalement comme dans divers traités ? (Voir traités avec l'Autriche du 13 novembre 1855 et avec l'Espagne du 14 décembre 1877.)

Cinquième observation. — C'est le texte de la loi pénale applicable qui doit être fourni, anglais, ou allemand, ou russe. La traduction française devrait être donnée par le bureau de traduction du ministère des affaires étrangères. On ne s'explique pas à cet égard.

L'article 8 fait connaître que la demande d'extradition sera, après examen, transmise avec les pièces par le ministre des affaires étrangères à celui de la justice, qui vérifiera la régularité de la requête et adressera, s'il y a lieu, les pièces au ministre de l'intérieur, qui prendra aussitôt les mesures pour faire opérer l'arrestation.

Première observation. — Le ministre des affaires étrangères vérifie si le ministre étranger a qualité pour saisir le gouvernement d'une demande officielle d'extradition, de plus si le fait est prévu au traité et si la demande a des chances pour être accueillie. C'est lui qui exerce la question préalable. Suivant l'exposé des motifs, le département des affaires étrangères n'aurait à vérifier que la qualité de l'agent diplomatique et devrait transmettre, dans tous les cas où cette qualité est reconnue, les pièces au département de la justice. Mais ce n'est pas pratique. Le département des affaires étrangères ne saurait accueillir une demande qui n'a aucune chance de succès et qui exposerait le gouvernement étranger à recevoir un échec public et humiliant ; ce n'est que dans le cas où ce gouvernement insisterait qu'il transmettrait la demande.

Deuxième observation. — Le ministre de la justice s'assure de la régularité de la requête, et si, *prima facie*, il lui paraît qu'il y a crime politique ou prescription, il doit renvoyer la demande à son collègue avec ses observations.

Troisième observation. — Le ministre de l'intérieur, à qui les pièces sont transmises, dans le cas où aucune difficulté ne se présente, doit faire opérer l'arrestation. Mais sur quel texte de loi se fondera-t-il? Le mandat d'arrêt étranger n'a aucune valeur en France. Il sera obligé de s'appuyer sur la loi de 1849, relative au séjour des étrangers en France. Autrefois, le décret d'extradition couvrait sa responsabilité. En matière de liberté individuelle, il faudrait procéder avec plus de précision.

Suivant l'article 9, l'étranger arrêté est conduit au chef-lieu de la Cour d'appel, pour être interrogé par le procureur général. La circulaire du 12 octobre 1875 voulait qu'il fût conduit devant le procureur de la République du lieu de l'arrestation. On a voulu concentrer les affaires d'extradition au chef-lieu de la Cour, où les formalités qui doivent entourer l'extradition seront mieux entendues ou observées. C'est là une bonne intention ; mais la mise en liberté, s'il n'y a pas identité, n'en sera-t-elle pas reculée de plusieurs jours? Est-ce qu'on voudrait, lorsque l'identité sera impossible à soutenir, garder l'individu en prison jusqu'à la décision du ministre de la justice? L'erreur de la police doit être immédiatement réparée, et le procureur de la République du lieu de l'arrestation doit avoir le droit d'ordonner la mise en liberté. Il n'y a pas lieu de suivre une procédure qui ne concerne pas l'individu recherché.

Cependant l'article 10 semblerait réserver l'interrogatoire au procureur général seul. Ce magistrat fait notifier le mandat d'arrêt ou le jugement à la personne arrêtée et lui demande si elle veut être livrée immédiatement au gouvernement qui la réclame, et, dans ce cas, le procès-verbal circonstancié est transmis au ministre de la justice, qui fait présenter immédiatement le décret d'extradition à la signature du président de la République.

Dans le cas contraire, et s'il y a lieu de suivre les formalités ordinaires de l'extradition, le procès-verbal d'interrogatoire sera communiqué immédiatement à la chambre des mises en accusation qui, en audience publique, à moins que le détenu ne réclame le huis-clos, procédera à un nouvel interrogatoire, le détenu pouvant se faire assister d'un conseil.

Suivant l'article 12, la chambre des mises en accusation donne son avis motivé sur la demande, avis qui doit être transmis à la chancellerie dans la huitaine de l'écrou et suivi, s'il y a lieu, d'un décret d'extradition, aux termes de l'article 13.

On ne reconnaît pas, dans tous les cas, à la chambre des mises en accusation le droit d'ordonner la mise en liberté d'un individu arrêté à tort.

Ce sont les articles 10 à 13 qui renferment les dispositions principales du projet de loi et qui remplacent l'intervention exclusive du parquet par le concours de la chambre des mises en accusation.

Le gouvernement avait à choisir entre deux systèmes : d'une part le système anglais, tel qu'il est établi par le premier traité d'extradition avec la France, du 13 mars 1843, et l'acte pour sa mise à exécution, du 22 août de la même année, comme par l'acte d'extradition de 1870 et le nouveau traité avec l'Angleterre, du 14 août 1876, et d'autre part le système belge et néerlandais, tel qu'il résulte des lois spéciales à la Belgique, des 1er octobre 1833 et 15 mars 1874, et aux Pays-Bas, des 13 août 1849 et 6 avril 1875. D'après le système anglais, le magistrat de police à qui le secrétaire d'État de l'intérieur a transmis l'ordre de lancer un mandat d'arrêt, en vue d'extradition, et devant qui l'étranger est conduit, examine les preuves produites contre le fugitif, comme s'il s'agissait de le renvoyer devant le jury anglais, et si ces preuves ne lui paraissent pas suffisantes, la mise en liberté est ordonnée, de telle sorte que la demande d'extradition est subordonnée à la décision de ce magistrat. En Belgique et en Hollande, l'autorité judiciaire est aussi consultée, mais seulement pour examiner la régularité de la demande, au point de vue des formes et du droit, sans qu'elle ait à porter son examen sur la culpabilité du fugitif. L'avis qu'elle donne ne lie pas d'ailleurs le gouvernement. Si l'on réfléchit que l'extradition a pour but de rendre les fugitifs à leurs juges naturels, il est évident que le système qui permet de les rendre sans aucun fâcheux préjugé est le meilleur. Ils sont présumés innocents jusqu'au jugement, et les juges et les jurés de leur pays peuvent seuls les déclarer coupables. Mais cette distinction de pouvoirs sera toujours plus théorique que pratique. La question de culpabilité ou d'innocence sera rarement laissée de côté par les magistrats, et dès lors le gouvernement aura souvent la main forcée par les avis motivés des chambres d'accusation.

Voilà pourquoi on peut regretter encore l'ancien système de procédure secrète, précédant le décret d'extradition. Ce décret pouvait être rapporté tant que le fugitif n'était pas livré et sur ses réclamations. L'examen préalable au décret empêchait souvent des arrestations sans que les étrangers poursuivis dans leur pays eussent connaissance seulement des recherches dont ils étaient l'objet. On les arrêtera plus facilement maintenant sauf à les relâcher solennellement. Est-ce là le progrès recherché par les amis de la liberté individuelle ? Supposez maintenant des demandes d'extradition où la politique est mêlée, l'immixtion de la presse et du public dans ces questions brûlantes est-elle de nature à cimenter les rapports internationaux ?

Le gouvernement étranger qui a été surpris en flagrant délit de mensonge et publiquement dans une demande d'extradition pour crime de droit commun qui cachait un crime politique, n'a-t-il pas perdu tout son prestige ? Il n'existait pas de traité d'extradition avec ce gouvernement, mais quel est le ministère français qui oserait maintenant en conclure un et le présenter à l'approbation des Chambres ? (Affaire Hartmann, mars 1880).

La propension des magistrats à dépasser le but en cette matière résulte même de la circulaire du 12 octobre 1875, rédigée par un ancien magistrat du tribunal de la Seine, M. Ribot, alors directeur des affaires criminelles au ministère de la justice, puis secrétaire-général du même ministère et aujourd'hui député. Le procureur de la République du lieu de l'arrestation devant qui l'étranger arrêté est conduit a pour mission de vérifier les moyens de défense allégués par lui, comme s'il prétend appartenir à la nationalité française ou que la demande d'extradition s'applique à un autre individu, s'il allègue un fait de *nature à établir son innocence*, ou s'il demande à prouver que l'infraction dont il s'est *rendu coupable,* ne rentre pas dans les termes du traité. M. Abel Flourens, dans un article de la *Gazette des Tribunaux* du 26 avril 1876 très élogieux pour la circulaire, relève cette inconséquence dans les termes suivants : « rien de plus légitime que d'admettre l'étranger à discuter les points de nationalité, d'identité ou d'application des traités, mais il est moins aisé de comprendre comment le ministère public peut devenir juge de la culpabilité du prévenu. Si nos voisins d'Outre-Manche permettent à l'étranger de plaider son innocence, c'est qu'ils obéissent en cela à un sentiment exagéré de respect pour la liberté individuelle, c'est pour défendre le principe appelé par Montesquieu la pierre angulaire de leurs institutions, que le juge a pour première mission de constater, si le fait, à le supposer accompli sur le sol de la Grande-Bretagne, tombe sous l'application de la loi anglaise. Cette loi juge donc l'accusé, mais elle remet à une justice étrangère, le soin de prononcer la peine et de l'appliquer, mais chez nous pas plus qu'en Belgique, le gouvernement ne s'est arrogé le droit de connaître des délits commis sur le territoire autre que le sien par des étrangers. L'extradition n'est en réalité que l'aveu de la compétence de la justice d'un autre pays. Comment dès lors empiéter sur les attributions de cette justice et examiner une question dont on lui réserve la connaissance ? Aussi la Cour d'appel belge n'entre-t-elle que dans la discussion des autres moyens de défense. Le réfugié peut tout débattre devant elle, *hors son innocence.* »

M. Faustin-Hélie, dès 1846, alors qu'il écrivait son savant ouvrage de l'instruction criminelle, étant chef du bureau des affaires criminelles au ministère de la justice, disait déjà : la vérification des charges de la prévention et de l'identité du prévenu par l'autorité judiciaire serait assurément une utile garantie pour les droits de la défense et la liberté individuelle. Serait-elle contraire au principe qui a placé les extraditions dans les attributions du gouvernement ?

Ce que le gouvernement demanderait à l'autorité judiciaire, c'est la constatation d'un fait, c'est tout au plus un avis et il se réserverait de statuer suivant sa volonté. Il en résulterait peut-être quelque retard, mais ce retard n'aurait aucun inconvénient grave, puisque l'inculpé pourrait être mis immédiatement et sans attendre l'ordonnance d'extradition, sous la main de la justice. Cette marche aurait ensuite l'immense avantage de régulariser l'arrestation et la détention de cet inculpé, d'assurer à ces mesures un caractère légal et de concilier ainsi l'extradition avec le droit commun (p. 703, t. 2).

Dans la séance du Corps législatif du 28 février 1866, à propos de la discussion de l'adresse et de la dénonciation du traité avec l'Angleterre, Jules Favre s'appuyait de l'opinion de M. Faustin-Hélie pour réclamer l'intervention de l'autorité judiciaire dans les extraditions. Il ajoutait : « Oui, dans cette question, nous sommes tous unanimes ; nous voulons tous la répression du mal ; nous voulons tous la liberté individuelle ; nous voulons tous l'exécution des lois ; mais ce que nous voulons en même temps, c'est que l'innocence ne soit pas exposée à des erreurs ; c'est que le malheur soit placé à l'abri d'une indigne persécution, d'une explosion de haine qui pourrait venir d'une nation étrangère. Lorsqu'un réfugié vient demander l'hospitalité à la France, nous le couvrons de notre protection et nous ne voulons pas sur le mandat d'un juge étranger le livrer à ce juge sans la vérification des pièces. Qu'il me soit permis de le dire, il sortira peut-être de cette discussion un utile enseignement. Les hommes d'État et les moralistes, les jurisconsultes seront appelés à étudier de près cette question, et quant à moi, comme j'ai une foi entière dans la vérité et dans la justice, j'ai la conviction profonde que l'erreur qui jusqu'ici a confié au pouvoir exécutif l'exécution des traités d'extradition disparaîtra, et qu'enfin ce sera la justice qui en sera investie. » (*Moniteur* du 1er mars 1866, p. 227).

Ces précédents, rapprochés du décret de l'Assemblée nationale du 19 février 1791, qui ordonnait la préparation d'une loi sur les extraditions, peuvent bien justifier le projet de loi aujourd'hui présenté ; mais il n'en est pas moins certain qu'en présence des pratiques invétérées des parquets, cette loi aura peu de chance de recevoir son exécution dans les extraditions des pays limitrophes. L'agitation qui vient de se produire à l'occasion d'une demande d'extradition récente (aff. Hartmann) donne lieu aussi à réfléchir.

On a suivi la marche tracée par la circulaire dans l'examen de la demande; mais si l'affaire eût été portée devant la chambre des mises en accusation, en audience publique, combien triste eût été la position du gouvernement requérant! Les froissements qui en seraient résultés auraient-ils pu être apaisés aussi facilement que dans le cas de l'emploi des seules formes administratives?

Songez donc que les difficultés que vous créez sans utilité pour la garantie des étrangers, vous les retrouverez vous-mêmes chez eux, lorsqu'il s'agira d'examiner nos propres demandes, et forts de votre loyauté, vous ne supporterez qu'avec plus d'amertume les affronts qui vous seront infligés!

Cette même affaire prouve que si le système anglais est contraire aux principes de l'extradition, il est plus conforme aux intérêts politiques du pays requis. On ne peut faire un grief à ce gouvernement de la décision d'un tribunal; mais lorsque la décision suprême lui a été réservée, il prend toute la responsabilité de cette décision vis-à-vis du gouvernement requérant.

La circulaire du 29 octobre 1875 a décidé également que pendant l'enquête que pourrait exiger la vérification des moyens de défense du fugitif, celui-ci ne sera pas placé sous mandat de dépôt, mais restera *consigné* à la disposition de l'administration.

M. Abel Flourens dit à ce sujet, dans l'article précité : « Mais ce qui rencontrera dans le monde de la science une approbation unanime, c'est la manière dont est réglée la situation du réfugié pendant la durée de la procédure. Ce serait tomber sans doute dans un optimisme exagéré que de laisser en liberté pendant ce temps, l'étranger qui en cherchant asile sur notre sol n'a pas précisément fait preuve d'un vif désir de se trouver en face de ses juges naturels et qui, peut-être, abusant de cette confiance, pourrait bien faire comme le loup de Lafontaine et courrait encore. Aussi la circulaire le consigne-t-elle à la disposition de l'administration, mais elle prend soin d'écarter expressément la possibilité d'un mandat de dépôt. La doctrine, ajoute M. Flourens, enregistrera ce premier essai de réaction contre le coupable abus que la pratique a fait de ce genre de mandat. Qui n'avoue aujourd'hui que cette mesure, rare, accidentelle et essentiellement provisoire, puisqu'elle ne devait dans la pensée de la loi, durer que vingt-quatre heures, a été détournée de sa destination par l'usage et substituée, malgré le vœu de la loi et les droits de la liberté individuelle, au mandat d'arrêt dont elle a la rigueur et ne présente pas les garanties ? »

L'intention de la circulaire est louable sans doute, mais que devient alors l'art. 609 du Code d'instruction criminelle, suivant lequel « nul gardien ne pourra, à peine d'être poursuivi et puni, comme coupable de détention arbitraire, recevoir ni retenir aucune personne qu'en vertu, soit d'un mandat de dépôt, soit d'un mandat d'arrêt décerné selon les formes prescrites par la loi, soit d'un arrêt de renvoi devant une Cour d'assises, d'un décret d'accusation ou d'un arrêt ou jugement de condamnation, à une peine afflictive ou à un emprisonnement et sans que la transcription en ait été faite sur son registre? Cette disposition de la circulaire est illégale. Y a-t-on renoncé, puisque le projet n'en parle pas? Autrement, il ne faut pas perdre l'occasion de lui donner une sanction légale.

Nous avons déjà parlé de l'art. 14 qui dispose que l'étranger qui, dans son interrogatoire devant le procureur général, déclare renoncer aux formalités de l'extradition pour être ramené immédiatement dans son pays, sera dispensé de comparaître devant la chambre des mises en accusation, et que, sur le rapport du procureur général au Garde des Sceaux, le décret d'extradition sera *sur-le-champ* proposé. L'étranger gardera donc prison jusqu'à ce que ce décret ait été rendu, signifié au ministre de l'intérieur, et par celui-ci au préfet compétent. Malgré toute la célérité employée, les formalités exigées prendront bien vingt jours ou un mois, surtout si elles se rencontrent au milieu de changements de ministères, de préfets, si fréquents aujourd'hui. On devrait au moins autoriser le départ de l'étranger avant la signature du décret qui n'est que de pure forme.

Les mêmes lenteurs auront lieu quand il s'agira, suivant l'article 15, d'étendre l'extradition à un cas non prévu dans la première demande.

La chambre des mises en accusation statuera sur pièces et non en présence de l'étranger déjà livré, mais il faudra un décret spécial. Lorsqu'il s'agit de délits de droit commun, portés au traité, un échange de notes devrait suffire. Il est à remarquer que la loi belge sur les extraditions n'a pas prévu ce cas d'extension sur pièces et que le gouvernement belge se refuse à entrer dans cette voie. On devra invoquer à son égard la règle de réciprocité.

Les art. 16 et 17 s'occupent de l'arrestation provisoire des étrangers en vue d'extradition.

Indépendamment de l'arrestation *préventive*, provoquée par la production du mandat d'arrêt et de la demande d'extradition par la voie diplomatique, on admet l'arrestation provisoire provoquée, en cas d'urgence, sur la demande directe des autorités judiciaires des pays requérants, adressée au procureur de la République française par le télégraphe ou par la poste et attestant l'*existence* du mandat d'arrêt. Le ministre des affaires étrangères doit être informé de cette demande d'arrestation et le ministre de la justice et le procureur général sont avertis de l'arrestation effectuée.

Suivant le dernier traité avec la Belgique du 16 août 1874, il semble que la voie diplomatique est seule autorisée pour la transmission de l'avis donnant lieu à l'arrestation provisoire, mais des circulaires ont étendu les dispositions du traité, en conformité avec la loi projetée, quand il s'agit d'étrangers traversant la Belgique pour gagner un port d'embarquement.

L'arrestation préventive a fait l'objet de nombreux traités. Voir les traités avec Mecklembourg-Schwérin du 24 janvier 1847, avec Mecklembourg-Strélitz du 10 février 1847, avec Oldenbourg du 6 mars 1847, avec Brême du 10 juillet 1847, avec Lubeck du 31 août 1847, avec Hambourg du 5 février 1848, avec la Saxe du 28 avril 1850, avec la Hesse électorale du 12 novembre 1852, avec le Wurtemberg du 25 janvier 1853, avec le Landgraviat de Hesse du 28 août 1853, avec la principauté de Lippe du 11 avril 1854, avec Waldeck du 10 juillet 1854, avec la Saxe-Weimar du 7 août 1858, avec les États pontificaux du 19 juillet 1859, avec le Chili, du 11 avril 1860, avec les Pays-Bas du 2 août 1860; puis des conventions additionnelles avec la Bavière du 28 février 1868, avec Bade du 6 mars 1868, avec Oldenbourg du 16 mai 1868, avec l'Autriche du 12 février 1869, ont admis l'arrestation provisoire sur l'avis de l'existence d'un mandat, transmis par la voie diplomatique, et si l'avis était directement transmis aux autorités judiciaires d'un pays, l'arrestation n'était plus que facultative. La déclaration spéciale du 30 octobre 1872 avec le Portugal n'admet que l'intervention diplomatique et lorsqu'il s'agit seulement de nationaux respectifs. Les traités plus récents avec la Bavière (1869), avec la Suède et la Norwège (1869), avec la Suisse (1870), avec l'Italie (1870), avec le Pérou (1874), avec le grand-duché de Luxembourg (1875), avec la principauté de Monaco (1876), avec le Danemark et l'Espagne (1877), ne parlent, comme le traité avec la Belgique, que de l'intervention diplomatique. La loi projetée donne force aux circulaires qui ont admis l'envoi direct des mandats pour justifier l'arrestation provisoire. Avec le Prusse, il n'y a eu qu'un échange de notes établissant l'arrestation provisoire avec réciprocité en 1867 et suivant le traité de Francfort (1871), le traité d'extradition de 1845 avec la Prusse avec ses annexes se trouve étendu à l'Alsace-Lorraine.

Quant aux Etats-Unis et à la Grande-Bretagne, il ne peut être question d'arrestation provisoire, puisque le magistrat de l'ordre judiciaire compétent ne délivre l'ordre d'arrestation qu'après son examen personnel du fugitif. Au moins ne devrait-on pas procéder à l'arrestation provisoire des Anglais et Américains, en vertu de la loi française, puisqu'il n'y a pas réciprocité. L'administration ou les magistrats feront-ils toujours cette distinction ? On ne peut douter et l'on voit le danger d'un projet de loi en cette matière, où l'on ne doit accorder en France que les facilités qui nous seraient accordées à nous-mêmes à l'étranger.

L'arrestation de l'étranger n'est pas maintenue au-delà de 20 jours, si la requête d'extradition faite par le gouvernement d'un pays limitrophe, n'est pas arrivée ; au-delà d'un mois, si le pays n'est pas limitrophe, et au-delà de trois mois, si le territoire est hors d'Europe. La Suisse qui est limitrophe ne demande l'arrestation que pour quinze jours (traité de 1870). Le Portugal qui ne l'est pas, ne réclame que 25 jours (déclaration de 1872). La faveur de la liberté doit faire admettre ces dérogations à la loi française et la règle de la réciprocité en fait même l'obligation.

La durée de la détention de l'étranger n'est ainsi fixée par la loi qu'autant qu'il n'y a pas lieu d'expulser l'étranger par application des art. 7, 8 et 9 de la loi du 3 décembre 1849, ce qui voudrait dire que dans ce cas la détention de l'étranger peut être indéfinie. Telle n'est pas cependant la jurisprudence de la Chancellerie. Une lettre du Garde des Sceaux au ministre de l'intérieur, en date du 9 décembre 1868, rappelait qu'un étranger arrêté pour être expulsé ne pouvait être détenu plus de vingt jours, par imitation de la loi du 10 vendémiaire an IV, dont l'art. 7 faisait une obligation à l'administration de livrer à la justice comme vagabond, l'individu arrêté et qui n'avait pu justifier de son identité dans l'espace de deux décades. — Ce temps, considéré comme suffisant en 1795, pour les recherches de l'administration, ne l'est donc plus aujourd'hui ? L'étranger qui a donné lieu à cette dépêche était détenu depuis sept mois. — Si cette pratique a continué d'après cette réserve du projet de loi, il faut avouer que trop de latitude est laissée à l'administration et qu'il serait urgent de remédier à un abus si criant. En Belgique, la loi de vendémaire an IV est toujours observée. — (V. *Etudes de droit public* de Verhaegen p. 152.)

Le détenu en vue d'une extradition pourra au moins demander sa mise en liberté provisoire par requête adressée à la chambre des mises en accusation, dans les mêmes cas où elle est accordée en France , c'est-à-dire en toute matière sous la condition d'une caution (art. 113 et suiv. Code d'instr. crim.). Cette disposition a été empruntée à la loi belge, mais ne consacre comme elle qu'une faculté pour les juges.

L'art. 18 permet au ministre de la justice d'accorder l'autorisation de faire passer par la France un extradé livré par un gouvernement étranger à un autre, sans aucune distinction tirée de la nature du fait incriminé et sous la seule condition de fournir le mandat d'arrêt et de la réciprocité. — L'extradition n'ayant pas été accordée par la France, c'est *res inter alios acta*. Mais dans cette matière, où il s'agit d'un simple transport ou voyage à travers la France, pourquoi faire intervenir le ministre de la justice ? Il semble qu'il ne s'agit plus que d'une question de police, dépendant exclusivement du ministère de l'intérieur. Le ministre des affaires étrangères s'adresserait directement à ce dernier et *on éviterait ainsi une grande perte de temps*. D'après l'exposé des motifs, on s'adresse au ministre de la justice, à cause de l'urgence, — comprenne qui pourra ! L'article ne permet toutefois que le passage d'un *étranger* et non d'un *Français*, quoique l'exposé des motifs ne s'en explique pas. L'article n'indique pas davantage sous la conduite de quels agents, français ou étrangers, le transit pourra s'effectuer. — Ce silence ne devrait pas permettre à des agents étrangers de faire acte d'autorité en France, sans le concours d'agents français. — Quand il s'agit de relations internationales que le zèle ou les susceptibilités de certains agents pourraient troubler, on ne devrait pas négliger ces détails. L'article 20 de la loi néerlandaise déclare formellement que l'*extradé* sera accompagné d'agents néerlandais en traversant le territoire.

La chambre d'accusation, si elle est saisie, et le procureur général dans le cas de remise volontaire du fugitif, statuent sur les restitutions des objets, valeurs ou papiers trouvés sur les malfaiteurs arrêtés, au gouvernement qui a réclamé l'extradition ou aux fugitifs eux-mêmes si ces objets ne se rattachent pas aux faits incriminés, ou aux tiers-détenteurs qui les réclameraient (art. 19). Le refus de l'extradition autoriserait la remise de ces objets aux fugitifs eux-mêmes.

Si le décès intervenait avant la décision sur l'extradition, l'arrêt de la chambre d'accusation rendu antérieurement serait exécuté ; s'il intervenait avant la décision de la chambre d'accusation, cas non prévu, ce serait au gouvernement à statuer, mais comment ces objets ou valeurs parviendront-ils au gouvernement ayant requis l'extradition ? Les magistrats les transmettent hiérarchiquement au ministre de la justice et celui-ci les renvoie à son collègue des affaires étrangères qui les fait tenir à l'ambassade du gouvernement requérant. Ne serait-il pas possible d'abréger ces circuits par la transmission directe par les magistrats aux dites ambassades, sauf les avis à donner de cette transmission au ministre de la justice et à celui des affaires étrangères ? On éviterait ainsi une grande perte de temps et des responsabilités trop multipliées.

En principe, et suivant l'art. 20, les commissions rogatoires en matière pénale sont transmises par la voie diplomatique et arrivent hiérarchiquement devant l'autorité judiciaire requise. En cas d'urgence, elles peuvent être envoyées directement aux autorités françaises qui devront en donner avis au ministère de la justice. Comme le juge requérant décide seul de l'urgence, on peut dire que la voie diplomatique sera rarement suivie, et puis on oubliera d'informer la chancellerie, ce qui est d'usage. Autrefois les magistrats d'un pays limitrophe étaient seuls dispensés d'employer la voie diplomatique et correspondaient entre eux directement. La conservation de la règle serait cependant nécessaire pour le maintien du principe de la réciprocité qui sera rarement connu du magistrat. Ainsi la loi belge ne permet d'exécuter les commissions rogatoires que comme annexes d'une demande d'extradition ou pour les crimes ou délits qui pourraient y donner lieu. Ainsi les délits spéciaux de douanes et de contrebande ne peuvent être l'objet de commissions rogatoires pour être exécutées en Belgique. Si elles sont adressées au contraire à des magistrats français, qui les avertira de cet obstacle? On semble aussi abandonner la règle que les commissions rogatoires qui auraient pour objet une cause politique, ne doivent pas être exécutées en France. Des commissions rogatoires d'un tribunal étranger imposent quelquefois des formes de prestation de serment, sur l'Evangile ou dans les Temples, ou la présence d'un défenseur lors de cette prestation de serment. Ces formalités contraires à la règle : *Locus regit actum* sont-elles obligatoires? Un simple juge peut-il prendre une décision sur ce point?

On a vu des citations à comparaître de témoins français devant un tribunal étranger, cacher l'extradition détournée d'un national impliqué comme complice dans une affaire criminelle ou correctionnelle. L'art. 21 stipule que ces citations ne seront reçues en France et signifiées que sous la condition que les témoins ne pourront être poursuivis ou détenus pour des faits ou condamnations antérieures, ni comme complices des faits de l'accusation. Mais on ne dit pas comment les magistrats français seraient saisis de ces citations, ce ne peut être que par la voie diplomatique, car les gouvernements seuls peuvent imposer les conditions et tenir la main à leur exécution.

La voie diplomatique est expressément indiquée lorsqu'il s'agit de demander l'envoi à l'étranger de malfaiteurs détenus pour une confrontation ou la communication de pièces à conviction ou de documents judiciaires (art. 22). On remarquera qu'un Français pourrait être ainsi conduit en Italie et aucune règle ne s'y oppose puisqu'il doit être ramené en France. La Belgique n'admet pas qu'un Belge puisse être ainsi conduit en France ; la règle de réciprocité veut qu'un Français ne puisse être conduit en Belgique dans les mêmes conditions, c'est au gouvernement français à y veiller.

L'éloignement a fait admettre que dans les colonies françaises les gouverneurs sont autorisés à statuer sur les demandes d'ex_tradition à charge d'en rendre compte au ministre de la marine. On a suivi les règles déjà tracées par la convention additionnelle avec les Pays-Bas du 3 août 1860, dans le traité avec la Suède et la Norwège (1869) et dans le traité avec l'Angleterre du 14 août 1876.

Nous avons parcouru toutes les dispositions du projet de loi. Voyons maintenant l'accueil qui leur a été fait devant le Sénat.

Le rapporteur de la commission du Sénat, M. Bertauld, ancien professeur de droit criminel à la Faculté de droit de Caen et aujourd'hui procureur général à la Cour de cassation, a fait connaître les observations auxquelles le projet avait donné lieu dans un travail substantiel déposé dans la séance du 17 novembre 1878 *(Journal officiel* des 16 et 17 janvier 1879). La commission s'est attaquée d'abord au libellé du projet du Gouvernement, qui n'ayant pas pour objet l'extradition de malfaiteurs toujours condamnés, mais d'accusés ou d'inculpés non encore jugés définitivement, ne doit pas s'intituler « Projet-loi relatif à l'extradition *des malfai-teurs* » mais : projet de loi sur l'extradition pour crimes et délits, ou plus simplement sur l'extradition.

La première question qui s'est imposée à l'examen de la commission a été celle de savoir si la matière de l'extradition pouvait donner lieu à une loi. On a cité le décret de l'Assemblée nationale du 19 février 1791, la loi anglaise de 1870, puis celle de Belgique et des Pays-Bas, sans rechercher si en 1791 tout n'était pas à créer, si les Anglais, les Belges et les Néerlandais n'avaient pas voulu se soustraire à des prétentions quelquefois exagérées de certains gouvernements. C'est à ce résultat pratique qu'on reconnaît l'utilité de la loi proposée.

« Il est bien vrai, dit le rapporteur, qu'un ensemble de principes se dégage des usages et des traités intervenus entre les pays civilisés, mais le pouvoir exécutif n'aura que plus d'autorité et de fermeté, lorsqu'il pourra fonder son refus d'extradition non seulement sur des precédents et une jurisprudence plus ou moins flottante, mais sur des dispositions précises strictement obligatoires. »

Nous avouons que dans une pratique de 15 ans du service des extraditions au ministère de la justice (de 1864 à 1879), le gouvernement français ne s'est jamais vu dans la nécessité de se prévaloir d'une loi spéciale pour déterminer le refus de demandes d'extradition contraires au droit des gens et des textes des traités. — Toujours notre diplomatie a triomphé de ces difficultés et aucun conflit ne s'est élevé.

Nous pouvons affirmer sans témérité que c'est à la France qu'on doit les principes généralement suivis en cette matière et qui résultent de ses nombreux traités avec les divers pays de l'Europe et de l'Amérique. (Il y a environ 40 traités encore en vigueur, mais en ajoutant les traités spéciaux pour l'arrestation provisoire on pourrait les évaluer à plus de 60). Le secret de cette prépondérance est bien simple. La France présente par son climat, par son langage généralement connu, par les mœurs hospitalières de ses habitants, des attraits pour les voyageurs étrangers qu'ils ne rencontrent pas ailleurs ; d'un autre côté, les Français quittent difficilement leur pays. Sur 100 extraditions, 90 sont demandées à la France et 10 seulement par elle. Les gouvernements étrangers ont donc plus d'intérêt à ménager de bonnes relations avec la France, sous le rapport des extraditions, que nous n'en avons nous-mêmes. La réciprocité est plus à notre charge qu'à celle des autres puissances qui s'empressent dès lors de nous l'accorder.

C'est cette situation avantageuse pour notre pays au point de vue des relations internationales que certains esprits veulent changer sans aucune nécessité !

Oui sans doute, on peut fixer par une loi la procédure à suivre en France pour les demandes d'extradition et les conditions auxquelles le pouvoir exécutif pourra en adresser aux gouvernements étrangers, mais la France y a-t-elle intérêt ? C'est la question qu'il fallait examiner. Au lieu de cet examen, la commission s'est attachée à lier les mains plus strictement au pouvoir exécutif, en ajoutant dans les art. 2, 3, et 4 que le gouvernement français ne pourrait réclamer des extraditions en dehors des cas où il pourrait en accorder lui-même, ce qui est une véritable superfétation, puisque sa demande serait contraire au principe de la réciprocité.

Mais la commission a soulevé et tranché une question pratique tellement grave que l'exposé des motifs n'avait pas osé l'aborder.

Voici cette question : à l'avenir, les conventions générales d'extradition continueront-elles à être soumises obligatoirement à la ratification du Parlement ?

La loi constitutionnelle prescrit-elle la ratification des traités d'extradition ?

Le rapporteur de la loi constitutionnelle du 16 juillet 1875, M. Laboulaye l'a affirmé, en se prévalant de l'art. 8 de la Constitution ainsi conçu : « Les traités qui sont relatifs à l'état des personnes et des droits de propriété des Français à l'étranger, ne sont définitifs qu'après avoir été votés par les deux Chambres. »

L'honorable M. Bertauld conteste que les conventions générales d'extradition modifient l'état des personnes, c'est-à-dire l'ensemble des droits civils et politiques qui constituent leur état personnel. Il en voit la preuve dans l'effet rétroactif reconnu généralement dans les traités d'extradition. En admettant, ajoute-t-il, que la Constitution prescrive la ratification parlementaire, elle ne la prescrirait qu'en tant qu'une loi générale ne réglerait pas les conditions auxquelles les traités seraient soumis. Si les Chambres votent la loi pour laquelle le Gouvernement demande leur sanction, les traités ne seront plus que l'application de cette loi, et dès lors, l'état des extradés ne serait plus modifié par les traités, mais par la loi dont les traités ne seraient plus que l'exécution. Partant, quelle serait l'utilité d'une loi générale, limitant la liberté des conventions diplomatiques, si chacune de ces conventions restait subordonnée à la sanction d'une loi particulière pour devenir définitive ? Dans quel intérêt exiger cette confirmation totale ou partielle de la loi générale pour tous les traités successifs conformes à cette loi générale ? Si le type qui vous est proposé pour les conventions diplomatiques à intervenir obtient la sanction parlementaire, cette sanction couvrira toutes les négociations qui en auront respecté les conditions.

M. le rapporteur fait enfin remarquer qu'il en est ainsi en Angleterre, en Belgique, en Hollande, depuis que ces pays ont adopté des lois générales sur la matière des extraditions.

Il serait sans doute très-désirable qu'il en fût ainsi, car la nécessité de faire sanctionner les traités d'extradition par le Parlement produit de très-graves entraves dans l'administration de la justice. Ainsi le traité avec l'Angleterre du 14 août 1876 n'a pu être promulgué et mis en vigueur que le 9 avril 1878, près de deux ans après sa conclusion, mais le premier devoir du législateur est de respecter la loi fondamentale qu'il ne peut changer ou interpréter que sous certaines conditions. On verra plus loin comment la difficulté s'est présentée dans la discussion du Sénat.

Le rapport semble croire que le gouvernement français pourrait, conformément à l'art. 7 du Code d'instruction criminelle, réclamer l'extradition d'un étranger qui aurait commis, en dehors de notre territoire, un attentat à la sûreté de l'État français. Ce crime était une innovation du Code de 1808, art. 5 et 6, car il n'était pas indiqué dans l'art. 12 du Code de brumaire an IV. Mais dès le moment que nous ne pourrions pas réclamer l'extradition d'un Français qui aurait commis ce crime politique, à plus forte raison ne pourrions-nous pas réclamer l'extradition d'un étranger. En 1833, nous avons dénoncé la disposition du traité avec la Suisse applicable à ce cas, nous ne pourrions pas l'invoquer aujourd'hui. Le rapport indique encore que l'exception de crimes politiques s'applique aux crimes *purement* politiques et ne comprend pas les crimes connexes ou mixtes, contrairement au texte de nombreux traités; c'est ce que son auteur avait déjà professé antérieurement dans son *Cours de Code pénal*, 3e édit., p. 599. Il ne s'agit pas de savoir si on encourage ces sortes de délits en les absolvant par l'exil, mais si leur nature politique permet de es confondre avec des délits de droit commun. « En droit, dit M. Faustin-Hélie, on distingue les délits purement politiques, comme les complots, les actes séditieux et les faits de presse, et les délits politiques qui se compliquent d'un délit commun, comme les pillages, les violences ou les meurtres qui, commis au milieu de dissensions civiles, peuvent invoquer une cause politique, l'intérêt d'une opinion ou d'un parti. Il nous paraît que cette distinction, quelle que soit sa valeur, ne doit pas s'appliquer en matière d'extradition et que l'exception doit protéger également les uns et les autres. Il suffit en effet qu'un crime, même commun, ait été inspiré par un intérêt exclusivement politique pour que son caractère se modifie immédiatement, au moins au point de vue du droit international ; ce crime n'est plus empreint de cette immuable perversité qui met son auteur au ban de toutes les nations ; l'élément politique, sans l'excuser, en atténue la portée et les dangers ; il n'y a plus le même intérêt pour le gouvernement étranger à prêter son concours au gouvernement offensé. Et puis les mêmes motifs qui dénient l'extradition en matière de crimes purement politiques, s'appliquent à ceux-ci ; les mêmes incertitudes obscurcissent le caractère des faits ; les mêmes animosités frappent la justice de suspicion, les mêmes passions les enveloppent et les protègent. Cette interprétation se trouve d'ailleurs dans les termes mêmes des traités, puisqu'ils ne se bornent pas à interdire l'extradition des crimes et délits politiques, mais qu'ils la prohibent en même temps à l'égard de tout fait connexe à ces délits et à ces crimes. Il suffit donc qu'un crime commun se rattache à un fait politique, qu'il en soit la suite et l'exécution pour suivre son sort et profiter de son privilège. » (t. II, p. 687 et s. Instr. crimin.).

Dans l'exposé des motifs, page 11, le Gouvernement déclare que souvent la France a refusé des extraditions réclamées pour crimes de droit commun, en soutenant qu'en réalité le gouvernement requérant cherchait à frapper un *crime politique*. Il s'agissait de délits connexes. Des brigands italiens ou espagnols, à la faveur de la guerre civile et dans l'intérêt d'un prétendant quelconque, s'étaient livrés à des déprédations de toute sorte, à des actes d'atrocité, d'assassinats, de meurtres, de viols et d'incendies. Réfugiés en France, après l'ordre rétabli, on a refusé leur extradition. Après ces exemples, on ne peut prétendre que l'exception s'applique seulement aux crimes purement politiques ; mais pour éviter de telles équivoques à l'avenir, il faut, comme nous l'avons proposé précédemment, dénoncer tous les traités dans leur disposition portant que l'attentat à la vie du souverain ne sera pas considéré comme un délit politique ou un délit commun. Nous savons pertinemment que l'opinion du rapporteur de la loi d'extradition a été invoquée dans une affaire grave récente, comme une vérité, alors qu'elle n'est qu'une opinion individuelle démentie par les faits et les traités.

Dans la séance de la Chambre des députés du 22 juin 1880, lors de la discussion de la loi d'amnistie, M. le Garde des Sceaux Cazot a fait repousser l'amendement de M. Marcel Barthe, tendant à exclure les crimes d'assassinat et d'incendie, par les motifs tirés du caractère politique des faits insurrectionnels de la Commune (*Journal off.* p. 6041). — Dans un remarquable article, inséré au *Journal de droit international*, sur les crimes politiques en matière d'extradition, M. Louis Renault, professeur à la Faculté de droit de Paris, blâme cette trop grande extension donnée aux crimes politiques, § 15.

Nous avons exposé les principales observations de la commission de la loi projetée, relevées dans le rapport de M. Bertauld. La discussion va les accentuer davantage et en suggérer d'autres.

Discussion au Sénat. — Il n'y a pas eu de discussion générale. Le vote de la première délibération a eu lieu dans les séances des 18, 22 et 27 mars 1879, sans observation remarquable, car les critiques avaient été réservées pour la deuxième lecture qui a eu lieu dans les séances des 3 et 4 avril 1879. — Cependant il y a lieu de signaler un article additionnel, proposé par M. Roger-Marvaise et qui était ainsi conçu : « Toutes les difficultés auxquelles pourra donner lieu devant les tribunaux l'interprétation des *traités* conclus par application de la présente loi seront de la compétence de l'autorité judiciaire. »

L'auteur de cet article s'appuyait sur le principe nouveau qui faisait passer la matière de l'extradition du domaine gouvernemental dans le domaine législatif et judiciaire. Mais il fut énergiquement combattu par le rapporteur qui rappela qu'un membre de la commission, M. Bozérian, avait proposé un amendement diamétralement opposé, en proposant de renvoyer toute interprétation des traités à l'examen du ministre des affaires étrangères, amendement auquel il avait renoncé, parce qu'il lui fut démontré que toutes les questions qui peuvent s'élever à la suite d'un acte international, sont du ressort de l'autorité administrative ou de l'autorité judiciaire, selon que le caractère de la question et la nature de la contestation sont ou administratifs ou judiciaires. Cet article additionnel ne fut donc pas adopté.

Une autre proposition fut faite par M. Demôle pour que l'extradition ne fût plus accordée désormais sur la production du seul mandat d'arrêt qui servirait seulement pour assurer l'arrestation provisoire : une ordonnance de renvoi devant une juridiction, un jugement ou arrêt devraient être nécessaires. Cette proposition fut aussitôt rejetée, sur l'observation du rapporteur que tous les traités les plus récents se contentaient du mandat d'arrêt et que la proposition aurait placé la France dans un état d'infériorité vis-à-vis des puissances contractantes. M. le rapporteur était dans l'erreur, puisque le traité avec le grand-duché de Luxembourg du 12 septembre 1875, assez récent cependant, ne se contente pas du mandat d'arrêt, suivant en ce point le traité de 1844 avec les Pays-Bas. La Belgique, l'Espagne n'ont abandonné la garantie d'une décision judiciaire que tout récemment et nous pouvons affirmer que cette innovation est due à l'influence française. Mais alors l'intervention de l'autorité judiciaire dans les extraditions n'existait pas en France et il y aura lieu de regretter bien souvent le laconisme des mandats d'arrêts, quand il s'agira de rechercher si le crime ou délit est politique ou de droit commun. Une dénonciation partielle des traités aurait facilement rétabli la réciprocité, en cette matière. On a présenté au contraire au Sénat l'impossibilité de se dégager des anciens traités, ce qui a amené les observations suivantes : Pourquoi nous faire discuter cette loi ? A quoi sert-elle ?

Enfin sur cinq amendements proposés par M. le sénateur Griffe, trois ont été adoptés avec modifications, ce sont les articles 24, 25 et 26. M. Griffe avait voulu fonder des causes de nullité, tant sur la violation des traités que sur la violation de la loi. On lui a répondu que les traités ne créaient des droits qu'entre les nations contractantes et non au profit des extradés. On s'est borné à admettre des nullités pour violation de la loi. Mais c'est lors de la deuxième délibération que la discussion a été le plus approfondie.

M. Lenoël, sénateur, ancien directeur des affaires criminelles et des grâces, au ministère de la justice, qu'on s'étonne de ne pas voir dans la commission, car il y aurait apporté des connaissances pratiques qui font généralement défaut aux commissaires nommés, a cherché à préciser le sens de l'article 1er pour faire écarter toute demande d'extradition qui ne serait pas appuyée d'un mandat d'arrêt émanant d'une autorité compétente ou d'un jugement prononcé par un tribunal de droit commun. Il a soulevé en outre la question de savoir si la naturalisation d'un étranger en France serait un obstacle à l'extradition de ce nouveau Français. — Ce que cet honorable sénateur demandait a été accueilli par la commission en ce qui concerne le premier point; quant à la mention de tribunal de droit commun, on a craint qu'elle ne parût exclure les jugements des tribunaux militaires qui sont des juges naturels pour les armées, mais il a été bien entendu qu'on ne pourrait accueillir des jugements émanant de tribunaux politiques ou de commissions; quant à la question de nationalité résultant de la naturalisation, elle a été résolue par l'exemple de l'article 2 du traité entre la France et l'Angleterre, suivant lequel la nationa lité s'apprécie au moment du crime ou délit et non à celui de la demande.

L'article 2 du projet qui détermine les cas susceptibles d'extradition, s'attachait, en ce qui concerne les délits correctionnels, à la pénalité de deux ans d'emprisonnement et au-dessus, sans distinguer s'il s'agissait de peines *applicables* ou *appliquées*. On sait que pour les peines appliquées, certains traités, comme ceux avec la Belgique, l'Espagne, sont arrivés à admettre l'extradition pour un mois d'emprisonnement. — La commission du Sénat a trouvé que c'était abusif. Elle n'a admis que le chiffre de deux ans, qu'il s'agisse de peines applicables aux inculpés ou encourues par les condamnés. Il y avait peut-être à distinguer, comme le faisait remarquer M. Lenoël, parce que la position des premiers n'est pas fixe, ceux-ci pouvant être acquittés, tandis que celle des seconds est irrévocable. Nous pensons néanmoins qu'il faut louer le Sénat de cette décision. Est-il en effet convenable de convoquer une chambre d'accusation pour apprécier s'il y a lieu d'autoriser l'extradition d'un étranger condamné pour vol à un mois d'emprisonnement ?

L'exposé des motifs, comme le rapport au Sénat, affirme que la loi n'apportera aucun changement aux traités existants. *Ipso facto*, soit, mais dès qu'il sera interdit au gouvernement français de demander des extraditions pour des peines au-dessous de deux ans d'emprisonnement, lui sera-t-il possible d'en accorder dans les mêmes cas et de soumettre les demandes des gouvernements étrangers à nos Cours d'appel ? Il faudra de toute nécessité et en raison des règles de réciprocité dénoncer les dispositions des traités contraires aux nouvelles règles.

Nous avons vu précédemment que la commission n'excluait que les demandes d'extradition fondées sur des crimes ou délits *purement* politiques (art. 3). Un membre du Sénat, M. Jouin a proposé d'ajouter au § 2 : « Ou seront connexes à des délits politiques. » — M. le rapporteur s'est opposé à la prise en considération de l'amendement sous le prétexte qu'il n'était pas possible de déterminer l'étendue de la connexité pouvant faire refuser l'extradition.

Cette connexité sera-t-elle plus ou moins prochaine, ou éloignée, plus ou moins directe ou indirecte ; quel en sera le degré ? Il y aurait dans ce système une périlleuse élasticité. *On ne peut pas insérer une disposition aussi vague dans une loi.* L'amendement ne fut pas pris en considération. Cependant d'après les précédents et les traités, cet amendement s'imposait. Il n'a jamais été question de délits connexes à des délits politiques dans une loi d'extradition, dit M. le rapporteur.

Qu'il veuille bien lire l'art. 6 de la loi Belge du 18 octobre 1833, maintenu en vigueur par l'art. 12 de la loi du 15 mars 1874 et ainsi conçu :

« Il sera expressément stipulé dans les traités que l'étranger ne pourra être poursuivi ou puni pour aucun délit politique antérieur à l'extradition *ni pour aucun fait connexe à un semblable délit*, ni pour aucun des crimes ou délits non prévus par la présente loi ; sinon, toute extradition, toute arrestation provisoire sont interdites. »

Quel danger y a-t-il dans cette clause alors que le gouvernement requis est souverain appréciateur de la connexité ?

La suite du discours de M. Jouin répond trop à nos préoccupations pour que nous ne la reproduisions pas *in extenso*.

« En ce qui me concerne, je regarde cette loi comme très-dangereuse, parce qu'elle a pour résultat de gêner notre liberté. Jusqu'à présent le Gouvernement n'est pas embarrassé pour faire des traités d'extradition, pour extrader des Français réfugiés à l'étranger ou de permettre à une puissance étrangère de se faire livrer par nous ses nationaux ; rien de plus facile que de faire des traités et tout à l'heure notre honorable rapporteur trouvait dans le traité conclu avec l'Angleterre le meilleur commentaire de la loi en délibération *(extradition d'un naturalisé)*.

« Cette loi, je ne la trouve pas nécessaire, et quand une loi n'est pas nécessaire, je suis bien tenté de croire qu'elle est dangereuse et nuisible. J'aime beaucoup mieux conserver ma liberté et par conséquent garder les moyens, toutes les fois que j'aurai à traiter avec tel ou tel État, de le faire suivant les circonstances ; je ne traiterai pas avec l'Angleterre de la même manière qu'avec telle ou telle puissance ; là où je trouverai certaines garanties, je ferai certaines concessions. Si au contraire on ne m'offre pas de garanties, je ne ferai pas de concessions, mais s'enchaîner à l'avance, dire, nous traiterons suivant tels principes ; voilà une loi en vertu de laquelle nous sommes bien et dûment engagés, franchement je n'en vois pas bien la nécessité. Voilà ce qui me préoccupe. Messieurs, j'en demande bien pardon à notre honorable rapporteur, *de la part de qui je viens de surprendre un signe de désapprobation.* »

M. le rapporteur a répondu, en rappelant ce qu'il avait déjà dit, les précédents de l'Assemblée nationale de 1791, ceux des pays étrangers qui avaient adopté des lois sur l'extradition. Puis il a invoqué comme avantages de la loi, les droits qu'elle conférait désormais aux extradés de demander la nullité de l'extradition quand elle serait contraire à cette loi, et la restriction qu'elle apportait aux négociateurs des traités qui devaient se mouvoir dans le cercle tracé par la loi et ne pas aller au-delà. On se flatte donc de créer des entraves à la marche de la justice et au progrès du droit international.

Le reste des dispositions de la loi a été voté sans changement important, si ce n'est l'amendement proposé par M. Lenoël ayant pour but l'intervention des Cours d'appel dans les colonies au lieu des tribunaux de première instance [les plus rapprochés de l'arrestation, pour entendre les étrangers dont l'extradition est demandée.

Au moment de voter sur l'ensemble des articles, M. le sénateur Buffet a demandé la parole pour soumettre à l'Assemblée ses scrupules constitutionnels. « M. le rapporteur, au nom de la Commission dit, expose-t-il, qu'après le vote de cette loi, la ratification législative ne sera plus nécessaire pour les traités d'extradition ; je pense que si la Constitution exige cette ratification, votre loi ne peut faire disparaître cette nécessité. Je crois qu'une loi ne peut modifier les pouvoirs constitutionnels des grands corps de l'État, je crois que le pouvoir législatif ne peut pas par une loi déléguer à un autre pouvoir une attribution que la loi constitutionnelle lui réserve.

« Or, le rapporteur de la loi constitutionnelle, M. Laboulaye, pense que la sanction est nécessaire pour tous les traités d'extradition par application de l'art. 8 de cette loi et en fait, depuis cette loi de 1875, tous les traités d'extradition ont été soumis au Parlement. Le rapporteur dit, il est vrai, mais alors à quoi sert cette loi ? Je vous avoue, ajoute M. Buffet, qu'elle me paraît sans objet et que depuis qu'on la discute, je me suis demandé plusieurs fois si elle avait un intérêt sérieux. »

M. Buffet suppose un conflit entre un traité non soumis au Parlement et une extradition qui ne serait pas conforme à la loi générale. Qu'arriverait-il ? Où serait la garantie ? Vous voyez, messieurs qu'à ce point de vue, la loi générale que vous votez, loin d'être une facilité, crée une difficulté nouvelle.

M. le rapporteur reconnaît que si le système de M. Buffet était fondé, il faudrait renoncer à notre loi ; elle serait en effet absolument inutile ; elle manquerait tout-à-fait d'objet. L'objection serait radicale contre toute tentative de réglementation législative. L'orateur reproduit ensuite très longuement toutes les observations qu'il a déjà fait valoir pour justifier le but de la loi et son utilité.

M. le Garde des Sceaux Le Royer n'est pas convaincu par les considérations développées par M. le rapporteur. Il conclut, en disant, que comme la matière prête à l'équivoque ou pour mieux dire réclame une interprétation, et comme nous ne pouvons pas nous, Sénat, interpréter la Constitution, comme nous n'en avons pas le droit, il faut s'abstenir et réserver d'une manière absolue la question, *sans attribuer à la loi actuelle, cette pensée que le Gouvernement pourrait se passer, en traitant avec l'étranger sur les bases de cette loi, de la sanction du Parlement.* Pourquoi, ajoute M. Le Royer, le Gouvernement se soustrairait-il au concours et au contrôle des Chambres ? Mais il a tout intérêt au contraire, à venir dire au Parlement, dont il est l'émanation, puisqu'il n'existe qu'avec le concours du Parlement : Voici un traité que j'ai fait; je me suis conformé à la loi. Cependant j'ai besoin, pour l'autorité même de ce traité, de la sanction du Parlement. Je ne vois absolument aucune objection, aucune difficulté à ce que le Gouvernement procède ainsi et néanmoins je crois que sous le bénéfice de ces observations, nous pouvons parfaitement voter la loi (*adhésion*).

M. Le Royer a terminé en déclarant la loi *très-utile*, ce qui ne lui avait pas apparu dans le principe. Elle présente l'avantage de nous fournir une base pour traiter avec l'étranger et de nous donner une très-grande force vis-à-vis de lui, puisqu'elle détermine la compétence par une disposition formelle et précise pour apprécier la validité de l'extradition et pour l'accorder ou la repousser. C'est un manuel, a-t-on dit, et en même temps un guide pour l'examen des traités futurs à soumettre au Parlement. Un autre orateur, M. Griffe, auteur de deux amendements accueillis par la commission, accepte la situation telle qu'elle se présente aujourd'hui, mais la loi ne doit pas en souffrir, elle est nécessaire.— Elle assure dans bien des cas la liberté des citoyens et ce qui était uniquement dans le domaine de l'arbitraire gouvernemental (j'emploie ici le mot arbitraire dans le sens le plus large du mot), passe dans le domaine de la loi ; et la loi créant des droits pour les citoyens, les citoyens ont le droit de demander la nullité de l'extradition, si cette extradition a été obtenue dans des conditions qui constitueraient une violation de la loi, tandis que lorsque les deux nations contractantes n'étaient liées que par des traités diplomatiques, les citoyens n'ayant pas de droits acquis ne pouvaient se prévaloir du fait de l'extradition (*Dénégations à droite*).

Le dernier orateur entendu, M. de Gavardie, a répété après M. le Garde de Sceaux, dont le premier mouvement, a-t-il dit, était le bon, que la loi était *complétement inutile.*

Il est revenu sur la question constitutionnelle, disant que le président de la République ayant le droit exclusif de négocier et ratifier les traités avec les puissances étrangères, sauf les traités de paix, de commerce, les traités qui engagent les finances de l'Etat, ceux qui sont relatifs à l'état des personnes et au droit de propriété des Français à l'étranger, il ne voyait dans les traités d'extradition aucune atteinte à l'état des personnes, que les derniers traités n'auraient pas dû dès lors être soumis à la ratification des Chambres et qu'il était toujours temps de rendre au chef du pouvoir exécutif ce qui lui appartenait. Sa conclusion était donc que la Constitution ne s'opposait pas au but de la loi, mais que c'était une intrusion sur le pouvoir exécutif qui n'avait pas besoin d'être lié dans l'exercice des négociations qu'il avait le droit de faire avec les puissances étrangères.

Quant à l'interprétation de l'art. 8 de la loi constitutionnelle du 16 juillet 1875, elle a été donnée par le rapporteur M. Laboulaye, qui expliquait que les occasions où le président de la République pourra se passer de l'assentiment des Chambres dans la conclusion des traités seront extrêmement rares. Ce qu'il y a de singulier, c'est que notre art. 8 est emprunté à l'art. 68 de la constitution belge du 7 février 1831, ainsi conçu : Le Roi fait les traités de paix, d'alliance et de commerce. Il en donne connaissance aux Chambres aussitôt que l'intérêt et la sûreté de l'Etat le permettent, en y joignant les communications convenables. Les traités de commerce et ceux qui pourraient grever l'Etat ou *lier individuellement des Belges* n'ont d'effet qu'après avoir reçu l'assentiment des Chambres. Nulle cession, nul échange, nulle adjonction de territoire ne peut avoir lieu qu'en vertu d'une loi.

Ces mots : *traités qui peuvent lier individuellement des Belges* ne prêtent pas à la même équivoque que ceux de *traités relatifs à l'état des personnes* des Français à l'étranger. Aussi la loi belge de 1833 sur les extraditions a-t-elle pu, sans paraître porter atteinte à la Constitution, soumettre les traités à conclure ultérieurement à la seule obligation de l'insertion au *Journal officiel* (art. 5). Ce qui a pu influer aussi sur l'opinion du rapporteur, c'est que d'après la Constitution de 1848 tous les traités étaient soumis à la sanction législative.

Quoi qu'il en soit, le Sénat a voté la loi à la majorité de 221 voix par 228 votants, (voir le *Journal officiel* des 4 et 5 avril 1879). Que va faire le Gouvernement de cette loi malencontreuse dont il n'a pas osé avouer le but dans l'exposé des motifs, but révélé seulement devant la commission et dans le rapport, but désavoué par le Garde des Sceaux et qui se heurte devant un empêchement constitutionnel ; loi qualifiée de dangereuse, d'inutile, qui lie les mains au pouvoir exécutif sans nécessité et qui crée des droits plus aux étrangers qu'aux citoyens français, en exposant les gouvernements étrangers aux invectives d'une presse souvent passionnée ou à des quolibets résultant de la naïveté de certaines lois étrangères, poursuivant par exemple comme en Suisse, le regnicole, non commerçant, qui a fui son pays sans payer ses dettes, sous la qualification de banqueroutier frauduleux.

Il paraît que le Gouvernement a le droit de garder en poche les lois qui ne peuvent aboutir. C'est sans doute le sort de celle-ci.

PROJET DE LOI DU GOUVERNEMENT

SUR L'EXTRADITION

TITRE Ier.

ART. 1er. Le Gouvernement pourra sous condition de réciprocité, livrer aux gouvernements étrangers, sur leur demande, tout individu non français poursuivi, mis en prévention ou accusation, ou condamné par les tribunaux de la puissance requérante, pour avoir commis sur le territoire de cette puissance l'une des infractions ci-dessus indiquées et qui serait trouvé sur le territoire de la République ou de ses possessions coloniales.

Le Gouvernement pourra également donner suite aux demandes d'extradition motivées par des infractions commises sur le territoire d'une puissance tierce par un individu non français, mais pour les cas seulement où la législation française autorise la poursuite en France des mêmes infractions commises par un étranger hors du territoire de la République.

ART. 2. Les faits qui pourront donner lieu à l'extradition sont les suivants :

1º Tous faits punis de peine criminelle par les lois françaises.

2º Les faits punis de peines correctionnelles par les lois françaises, lorsque le maximum de la peine est de deux ans et au-

TEXTE VOTÉ PAR LE SÉNAT.

ART. 2. Les faits qui pourront donner lieu à l'extradition, qu'il s'agisse de la demander ou de l'accorder sont:

<table>
<tr><td>

PROJET DE LOI.

dessus. La peine applicable pour les inculpés, la peine appliquée pour les condamnés, détermine les cas dans lesquels l'extradition peut être réclamée ou accordée. Sont comprises dans les dispositions qui précèdent, en matière de crimes, la tentative et la complicité; de même en matière de délits, lorsqu'elles sont punissables d'après les lois françaises. Ces dispositions comprennent aussi les infractions au droit commun commises par les milires, marins ou assimilés.

Art. 3. L'extradition ne sera pas accordée :

1° Lorsque les crimes ou délits politiques;

2° Lorsque les crimes ou délits à raison desquels elle est requise auront été commis en France;

3° Lorsque ces crimes ou délits quoique commis hors de France, y auront été poursuivis et jugés définitivement;

4° Lorsqu'aux termes, soit des lois françaises, soit des lois de la puissance requérante, la prescription de la peine ou de l'action se sera trouvée acquise antérieurement à la demande d'extradition.

Art. 4. L'extradition ne sera accordée qu'à la condition que l'individu extradé ne sera ni poursuivi ni puni pour une infraction autre que celle ayant motivé l'extradition, à moins d'un consentement spécial dans les *termes du traité* dans les con-

</td><td>

TEXTE AMENDÉ.

Art. 3. L'extradition ne sera ni demandée ni accordée;

1° Lorsque les inculpés seront réfugiés sur le territoire de la puissance dont ils sont les nationaux;

2° Lorsque les crimes ou délits auront un caractère politique;

3° Lorsqu'aux termes, soit des lois françaises, soit de la puissance requérante ou requise la prescription de la peine ou de l'action sera acquise antérieurement à la demande d'extradition.

Elle ne sera pas accordée:

1° Lorsque les crimes ou délits, à raison desquels elle est réclamée auront été commis en France;

2° Lorsque les crimes ou délits quoique commis hors de France y auront été poursuivis et jugés définitivement.

Art. 4. L'extradition ne sera demandée ni accordée qu'à la condition, etc.

</td></tr>
</table>

ditions de la loi par le Gouvernement français.

Sera considéré comme soumis sans réserve à l'application des lois françaises, à raison d'un fait quelconque antérieur à l'extradition et différent de l'infraction qui à motivé cette mesure, l'individu livré qui aura eu, pendant un mois, depuis son élargissement définitif, la faculté de quitter le territoire français.

Art. 5. Dans le cas où un étranger sera poursuivi ou aura été condamné en France et où son extradition sera demandée au Gouvernement français à raison d'une infraction différente, la remise ne sera effectuée qu'après que la poursuite sera terminée ou en cas de condamnation après que la peine aura été exécutée.

Toutefois, cette disposition ne fera pas obstacle à ce que l'étranger puisse être envoyé temporairement pour comparaître devant les tribunaux du pays requérant sous la condition qu'il sera renvoyé dès que la justice étrangère aura statué.

Sera régi par les dispositions du présent article le cas où l'étranger est soumis à la contrainte par corps par application des lois du 22 juillet 1867 et du 19 décembre 1871.

Art. 6. Dans le cas où l'extradition d'un étranger ayant été obtenue par le Gouvernement français, le Gouvernement d'un pays tiers solliciterait à son tour du Gouvernement français l'extradition du même individu, à raison d'un fait autre que celui jugé en France, ou non connexe

Art. 5. L'extradition obtenue par le Gouvernement français est nulle, si elle est intervenue contrairement aux dispositions de la présente loi. La nullité est prononcée par les tribunaux saisis de la prévention ou de l'accusation.

Nota. Par suite de l'introduction d'un nouvel article 5, l'ancien article 5 devient l'article 8.

Art. 6. Les mêmes tribunaux sont juges de la qualification donnée aux faits motivant la demande d'extradition.

PROJET DE LOI.

à ce fait, le Gouvernement ne déférera, s'il y a lieu, à cette requête, qu'après s'être assuré du consentement du pays par lequel l'extradition aura été accordée.

Toutefois, cette réforme n'aura pas lieu d'être appliquée, lorsque l'individu extradé aura eu, pendant le délai fixé par l'art. 4, la faculté de quitter le territoire de la République.

TITRE II.

Art. 7. Toute demande d'extradition sera adressée au Gouvernement français par voie diplomatique et sera accompagnée, soit d'un jugement ou arrêt de condamnation, même par défaut ou par contumace, notifié dans ces derniers cas, suivant les formes qui seraient prescrites par la législation du pays requérant, soit d'un acte de procédure criminelle décrétant formellement ou opérant de plein droit le renvoi de l'inculpé ou de l'accusé devant la juridiction répressive, soit d'un mandat d'arrêt ou de tout autre acte ayant la même force et décerné par l'autorité judiciaire, pourvu que les derniers actes renferment l'indication précise du fait pour lequel ils sont délivrés et de la date de ce fait.

Les pièces ci-dessus mentionnées devront être produites en original ou en expédition authentique.

Le Gouvernement requérant devra produire en même temps la copie de toutes les lois applicables au fait incriminé.

Art. 8. La demande d'extradition sera après examen, trans-

TEXTE AMENDÉ.

Nota. Par suite de l'introduction d'un nouvel art. 6, l'ancien devient l'art. 9.

Art. 7. Dans le cas où l'extradition est annulée, le prévenu ou l'inculpé s'il n'est pas réclamé par le Gouvernement requis, est mis en liberté et ne peut être repris que si dans les 30 jours qui suivent cette mise en liberté, il est arrêté sur le territoire français.

Nota. Par suite de l'introduction d'un nouvel art. 7, l'ancien est devenu l'art. 10.

PROJET DE LOI.

mise avec les pièces à l'appui
par le ministre des affaires étrangères au ministre de la justice
qui vérifiera la régularité de la
requête et adressera, s'il y a lieu
les pièces au ministre de l'intérieur, lequel prendra aussitôt les
mesures nécessaires pour faire
opérer l'arrestation.

Art. 9. L'étranger sera trans-
féré dans le plus bref délai et
écroué à la maison d'arrêt du
chef-lieu de la Cour d'appel, dans
le ressort de laquelle il aura été
arrêté.

Art. 10. Les pièces produites
à l'appui de la demande d'extradition seront en même temps
adressées par l'autorité administrative au Procureur général.
Dans les 24 heures de leur réception, le titre en vertu duquel
l'arrestation aura eu lieu sera
notifié à l'étranger.

Le Procureur procédera dans
le même délai, à un interrogatoire dont il sera dressé procès-
verbal. Cet interrogatoire aura
pour objet de constater l'identité
de l'étranger et fera mention de
la réponse à la question qui doit
lui être posée, conformément à
l'art. 14 (*lisez* 17).

Art. 11. La Chambre des mises en accusation sera saisie sur
le champ de ce procès-verbal et
des documents étrangers. Il sera
en cette Chambre et en audience
publique, à moins que le détenu
ne réclame le huis clos, procédé
à un nouvel interrogatoire dont
le procès-verbal est également
dressé. Le ministère public et
l'étranger seront entendus ; celui-ci pourra se faire assister
d'un conseil.

TEXTE AMENDÉ.

Nota. L'art. 8 est devenu l'article 11.

Nota. L'art. 9 est devenu l'article 12.

Nota. L'ancien art. 10 est devenu l'art. 13.

Nota. L'ancien art. 11 est devenu l'art. 14.

PROJET DE LOI.

Art. 12. La Chambre des mises en accusation donnera son avis motivé sur la demande d'extradition. Le dossier devra être envoyé au ministre de la justice dans la huitaine à dater de l'écrou à la maison d'arrêt ou de la réception des pièces au Parquet, si cette réception est postérieure à l'écrou.

Art. 13. Le ministre de la justice proposera s'il y a lieu, à la signature du Président de la République, un décret autorisant l'extradition.

Art. 14. Si lors de l'interrogatoire auquel il est soumis, conformément à l'art. 10, l'étranger interpellé à ce sujet, exprime formellement la volonté d'être livré sans autre retard, et déclare renoncer à la comparution devant la Cour, le Procureur général aussitôt après avoir clos l'interrogatoire, adressera le procès-verbal et les pièces au ministre de la justice. Un décret autorisant l'extradition sera sur le champ proposé à la signature du Président de la République sur les faits qui ont motivé la demande d'extradition.

Art. 15. Dans le cas où le Gouvernement requérant demandera pour une infraction antérieure à l'extradition, mais découverte postérieurement, l'autorisation de poursuivre l'individu déjà livré, l'avis de la Chambre des mises en accusation devant laquelle l'inculpé avait comparu, pourra être formulée par la seule production des pièces transmises à l'appui de la nouvelle demande.

Seront également transcrites

TEXTE AMENDÉ.

Nota. L'ancien art. 12 est devenu l'art. 15.

Nota. L'ancien art. 13 est devenu l'art. 16.

Nota. Nouvel art. 17.

par le Gouvernement étranger et soumises à la Chambre des mises en accusation les pièces contenant les observations de l'individu livré ou la déclaration qu'il n'entend en présenter aucune.

L'extension de l'extradition ne pourra être autorisée que par décret.

Art. 16. En cas d'urgence et sur la demande directe des autorités judiciaires du pays requérant, les Procureurs de la République pourront sur un simple avis transmis soit par la poste, soit par le télégraphe, de l'existence de l'une des pièces indiquées par l'art. 7, ordonner l'arrestation provisoire de l'étranger.

Un avis régulier de la demande devra être transmis en même temps, par voie diplomatique, par la poste ou par le télégraphe, au ministère des affaires étrangères.

Les Procureurs de la République devront donner avis de cette arrestation au ministre de la justice et au Procureur général.

Art. 17. L'étranger arrêté provisoirement dans les conditions prévues par l'art. 17 sera, à moins qu'il n'y ait lieu de lui faire application des art. 7, 8, et 9 de la loi du 3 déc. 1849, mis en liberté, si dans le délai de 20 jours, à dater de son arrestation, lorsqu'elle aura été opérée à la demande du Gouvernement d'un pays limitrophe, le Gouvernement français ne reçoit l'un des documents mentionnés à l'art. 7.

Ce délai pourra être porté à un mois, si le territoire du pays requérant est non limitrophe, et

Nota. Nouvel art. 18.

Nota. Nouvel art. 19.

PROJET DE LOI.

jusqu'à trois mois, si le pays est hors d'Europe.

Sur requête adressée à la Chambre des mises en accusation l'étranger pourra obtenir sa mise en liberté provisoire dans les mêmes conditions que si la poursuite était exercée en France.

ART. 18. Le transit sur le territoire français d'un étranger extradé pourra être autorisé par le ministre de la justice, sur la simple production par la voie diplomatique de l'un des actes de procédure mentionnés en l'art. 7.

Cette autorisation ne saurait être donnée qu'aux puissances qui accorderaient, sur leur territoire, la même faculté au Gouvernement français.

ART. 19. La Chambre des mises en accusation ou le Procureur général, dans le cas prévu par l'art. 14, décideront s'il y a lieu ou non de transmettre en tout ou en partie, les papiers ou autres objets saisis au Gouvernement qui demande l'extradition. Ils ordonneront la restitution des papiers et autres objets qui ne se rattacheraient pas directement au fait imputé à l'étranger et statueront, le cas échéant sur les déclarations des tiers détenteurs ou autres ayant-droit.

Ces décisions seront exécutées, sauf au cas de rejet définitif de la demande d'extradition par le Gouvernement.

ART. 20. En matière pénale non politique les commissions rogatoires émanées de l'autorité étrangère seront reçues par la voie diplomatique et transmises s'il y a lieu, aux autorités judi-

TEXTE AMENDÉ.

Nota. Nouvel art. 20.

Nota. Nouvel art. 21.

Nota. Nouvel art. 22

PROJET DE LOI.

ciaires compétentes. En cas d'urgence, elles pourront être envoyées directement aux autorités françaises qui devront en donner avis au ministre de la justice. Les commissions rogatoires seront exécutées sans délai à moins que la loi française ne s'y oppose.

ART. 21. Les citations dans une cause pénale non politique suivie à l'étranger, de témoins domiciliés ou résidant en France, ne seront reçues en France et signifiées que sous la condition que les témoins ne pourront être poursuivis ou détenus pour des faits et condamnations antérieures ni comme complices des faits de l'accusation.

ART. 22. L'envoi des *malfaiteurs* détenus en vue d'une confrontation et la communication de pièces à conviction ou documents judiciaires pourront être autorisés par le Gouvernement d'un pays à un autre. La demande sera formée par voie diplomatique. Il y sera donné suite à moins que des considérations particulières ne s'y opposent sous la condition de renvoyer le détenu ou les pièces dans le plus bref délai.

ART. 23. Les gouverneurs des colonies françaises pourront, sous leur responsabilité et à charge d'en rendre compte à bref délai au ministre de la marine, statuer sur les demandes d'extradition qui leur seraient adressées, soit par des Gouvernements étrangers, soit par les gouverneurs des colonies étrangères. Ils pourront en outre exercer les droits conférés par les art. 18, 20, 21, et 22.

TEXTE AMENDÉ.

Nota. Nouvel art. 23.

Nota. Nouvel art. 24.

Nota. Nouvel art. 25.

Nota. Nouvel art. 26.

<table>
<tr><td>

PROJET DE LOI.

Cette faculté n'aura lieu que sous condition de réciprocité et si le fait à raison duquel l'extradition est demandée est prévu par les traités en vigueur entre les métropoles.

Les pouvoirs conférés à la Chambre des mises en accusation par la présente loi seront exercées dans les colonies françaises par la juridiction française la plus proche du lieu où l'arrestation aura été opérée.

</td><td>

TEXTE AMENDÉ.

Paragraphe supprimé. —Les extradés seront, comme dans la métropole, renvoyés devant la Chambre des mises en accusation de la Cour coloniale.

</td></tr>
</table>

Fait à Versailles, le 2 mai 1878.

Le Président de la République,
Signé : Maréchal de MAC-MAHON.

Par le Président de la République,
Le Président du Conseil, Garde des Sceaux, Ministre de la justice,
Signé : J. DUFAURE.

A la suite de la séance du 28 mars, première délibération, les amendements proposés par M. Griffe, ont été adoptés et placés sous les articles 24, 25 et 26.

Art. 24. L'extradition obtenue par le Gouvernement français est nulle, si elle est intervenue contrairement aux dispositions de la présente loi. La nullité est prononcée par les tribunaux saisis de la prévention ou de l'accusation.

Art. 25. Les mêmes tribunaux sont juges de la qualification donnée aux faits motivant la demande d'extradition.

Art. 26. Dans le cas où l'extradition est annulée, le prévenu ou l'accusé, s'il n'est pas réclamé par le Gouvernement requis, est mis en liberté et ne peut être repris que si *dans* les 30 jours qui suivent cette mise en liberté, il est arrêté sur le territoire français.

LISTE DES PAYS AVEC LESQUELS DES TRAITÉS D'EXTRADITION
ONT ÉTÉ CONCLUS PAR LA FRANCE.

1. ANGLETERRE.......... — Premier traité, 13 février 1863, (*Bull. des Lois*, DCCCCLXXXIX, n° 10,571) — dénoncé en 1865 — nouvelle convention, 14 août 1876, mise en vigueur 9 avril 1878. — (XII, *Bulletin des Lois*, CCCLXXXIX, n° 6,924).

2. AUTRICHE............ — 13 novembre 1855, (XI, *Bull. des Lois*, CCCLX, n° 3,311) — convention additionnelle pour l'arrestation des malfaiteurs, 12 février 1869.—(XI, *Bull. des Lois*, MDCXCIII, n° 16,769).

3. BADE (Grand duché de).. — 27 juin 1844. — (IX, *Bull. des Lois*, MCXXX, n° 11,442)—convention additionnelle 17, novembre 1854, (XI, *Bull. des Lois*, CCXXXIX, n° 2,174), pour l'arrestation provisoire, déclaration du 4 mars 1868. — (XI, *Bull. des Lois*, MDLXXXIV, n° 15,934).

4. BAVIÈRE............ — 23 mars 1846 — 17 juillet 1854 dernière convention, 29 novembre 1869. — (XI, *Bull. des Lois*, MDCCLXXI, n° 17,356).

5. BELGIQUE.......... — 22 novembre 1834 — 22 septembre 1856 — 29 août 1869, dernière convention, 15 août 1874,

(XII, *Bull. des Lois*, CCLI,
n° 4,074).

6. BRÈME (ville libre).... — 10 juillet 1847.—(IX, *Bull. des
Lois*, MCCCCXXI, n° 13,864).

7. CHILI .... — 11 avril 1860. — (XI, *Bull. des
Lois*, DCDXXVIII, n° 9,016.)

8. DANEMARK .... —18 mars 1877,—mise en vigueur,
14 avril 1878. — (XII, *Bull. des
Lois*, CCCLXXXIX, n° 6,924).

9. ESPAGNE........... — Première convention, 26 août
1850, noúvelle convention, 14 dé-
cembre 1877. — (XII, *Bull. des
Lois*, CDIII, n° 7,203).

10. ÉTATS PONTIFICAUX.— 19 juillet 1859, réunion à l'Italie.

11. ÉTATS-UNIS........ — Première convention, 9 novem-
bre 1843. — (IX, *Bull. des Lois*,
MCIII, n° 11,314).
Deuxième convention, 24 février
1845, (IX, *Bull. des Lois*,
MCCXXXII, n° 12,186).
Troisième convention, 10 février
1858. — (XI, *Bull. des Lois*,
DCLXIX, n° 6,272).

12. FRANCFORT (ville libre).—9 avril 1853, (XI, *Bull. des Lois*,
XLV, n° 399).

13. NOUV.-GRENADE..... — 9 avril 1850, (X, *Bull. des Lois*,
CDXVIII, n° 3,090).

14. HAMBOURG (ville libre). — 5 février 1848, mis en vigueur
3 septembre 1851. — (X, *Bull.
des Lois*, CDXVIII, n° 3,091).

15. HANOVRE.......... — 13 mars 1855, réunion à la
Prusse.

16. HESSE (grand duché).. — 26 janvier 1853, (XI, *Bull. des Lois*, XXIX, n° 255).

17. HESSE (landgraviat)... — 18 avril 1853, (XI, *Bull. des Lois*, LXII, n° 601).

18. HESSE électorale..... — 12 novembre 1852,—mise en vigueur le 15 novembre 1854. (XI, *Bull. des Lois*, CCXXVIII, n° 2,079).

19 à 23. ITALIE .... — Sardaigne, 23 mai 1838. Lucques, 10 novembre 1843. Toscane, 11 septembre 1844. Deux-Siciles, 14 juin 1845. Parme, 14 novembre 1856. Dernière convention avec l'Italie du 12 mai 1870, (XI, *Bull. des Lois*, MDCCCXII, n° 17,822).

24. LIPPE (principauté de). — 11 avril 1854, (XI, *Bull. des Lois*, CXCIV, n° 1,724).

25. LUBECK (ville libre)... — 31 août 1847, (IX, *Bull. des Lois*, MCCCCXXIV, n° 13,885).

26. LUXEMBOURG (gr.-duc.). — 27 novembre 1844,—nouvelle convention, 12 septembre 1875, — mise en vigueur, 13 janvier 1876,(XII,*Bull. des Lois*,CCXC, n° 4,939).

27. MECKLEMBOURG (Schwérin). — 26 janvier 1847, (IX, *Bull. des Lois*, MCCCLXXIV, n° 13,452).

28. MECKLEMBOURG (Strélitz). — 10 février 1847, (IX, *Bull. des Lois*, MCCCLXXIX, n° 13,489).

29. MONACO............. — Première convention, 9 octobre 1865, — nouvelle convention,

8 juillet 1876, (XII, *Bull. des Lois,* CCCXXXIII, n° 5,788).

30. NASSAU . . . . 30 juin 1853, (XI, *Bull. des Lois,* LXXIX, n° 715).

31. OLDENBOURG. . . . . — 6 mars 1847, (IX, *Bull. des Lois,* MCCCLXXXII, n° 13,534).

32. PAYS-BAS. . . . . — 7 novembre 1844, 2-3 août 1860, pour le traité de 1844, V. *Bull. des Lois,* MCLXXIII, n° 11,797; pour ceux de 1860, V. XI, *Bull. des Lois,* DCCCLXIV, n°s 8,343 et 8,344.

33. PÉROU. . . . . — 30 septembre 1874, — mise en vigueur, 23 janvier 1876, (XII, *Bull. des Lois,* CCXC, n° 4,941).

34. PORTUGAL. . . . . — 13 juillet 1854. — (XI, *Bull. des Lois,* CCXXVIII, n° 2,078).

35. PRUSSE. . . . . — 21 juin 1845, (IX, *Bull. des Lois,* MCCXXXVI, n° 12,221). La convention de Francfort de 1871 étend le traité à l'Alsace-Lorraine. Art. 18. — (XII, *Bull. des Lois,* LXXVIII, n° 326).

36. SAXE (royaume de). . . . — 28 avril 1850. — (X, *Bull. des Lois,* CCCXXIX, n° 2,561).

37. SAXE-WEIMAR. . . . . . . — 7 août 1858 (XI, *Bull. des Lois,* DCLI, n° 6,045).

38. SUÈDE et NORWÈGE. . — 4 juin 1869. — (XI, *Bull. des Lois,* MDCCLXXVI, n° 17,400).

39. SUISSE. . . . . — Première convention, 18 janvier 1828, — nouvelle conven-

tion, 9 juillet 1869. — (XI, *Bull. des Lois*, MDCCLXXVII, n° 17,429).

40. VÉNÉZUÉLA......... — 23 mars 1853, dénoncé par la République de Caracas en 1869.

41. WALDECK-PYRMONT . — 10 juillet 1854. — (XI, *Bull. des Lois*, CCXXXV, n° 2,138).

42. WURTEMBERG....... — 25 janvier 1853, (XI, *Bull. des Lois*, XXV, n° 217).

Paris, impr. F. PICHON. — A. COTILLON & Cⁱᵉ, 37, rue des Feuillantines, & 24, rue Soufflot.